満州における初等科手工教育の定着にみる近代化の姿

齊藤暁子

学術研究出版

満州における初等科手工教育の定着にみる近代化の姿

目次

はじめに

日本の教育の近代化は、植民地においても独自展開していました。満州地域においては、特徴的な教科の位置付けが幾つかありました。その一つとして、「手工」を取り扱う教科「作業科」は、植民地の独特な地域性や育成したい公民教育の展望の中で、実業教育重視の教科教育でした。植民地教育の先行研究の中で、現地人だけに施された愚民化施策であるとされて、近年まで、研究者によって実際の教科の実態を調査し精査されることは少なかったといえます。

この度本稿では、植民地満州における、実業教育の基礎としての、初等科における手工教育の実際とその特徴を記録しました。この研究は、その視点と取り扱う内容において、独自性があるといえます。

具体的な満州での手工教育の特徴としては、日本国内とは違う「手工」の普通教育への定着と変容過程があることです。その顕著な特徴は次の2点であると考えました。1点目は、図画工作としての基礎学習から産業・実業教育の基礎として「手工」は位置付いたこと。2点目は、満洲の新制中学では、普通科教育の中に必修として「作業科の手工」が位置付き、実際にそれを指導できる教員もいたということです。

本稿では、この2点の特徴を著した2編の日本教科教育学会誌投稿論文を基に、作成しました。

1点目の特徴に関係した、満州地域の初等科教育における「手工」の定着に寄与した鈴木定次の手工教育の特徴から、当時実現したかった初等教育における「手工」像を探りました。

次に、2点目に関係した、「手工」が初等教育の「作業科」の中に位置付いた特徴から、その先駆けで、「公学校」において、「作業科」のカリキュラムの検討研究を進めて、満州国新学制に活かされたという経過を追いました。

勿論、筆者も、植民地政策やその時代の近代社会の在り方への評価は重く受け止めています。当時の満州でも、「五族協和」を掲げながら、ヒエラルキーの中での明白な差別が教育の中にあったことは、先行研究や、植民地の歴史資料では確認されています。

本稿では、「手工」という教科細目に着目して、満州教育研究会において、現地人と日本人の教師らが真摯に調査研究し、どの地域であっても、その環境条件に対応して、等しくカリキュラムを進行し、地域の風土にあった生活に活かせる学力としての「作業科の手工」へと位置づいていった過程を記録することに徹しました。

この本の出版にあたり、元筑波大学教授宮脇理先生より、この研究の独自性と、資料としての価値を指摘していただき、推薦をいただきましたことは、大変光栄で、私の研究継続に対する勇気をいただきました。先生は、実際に、この「手工」が普通教育の中に位置付いた学校教育を受けた経験を話してくださいました。小学校4年生から、新制中学1年生までの4年間を、満州奉天で過ごされ、中学校の普通科において、「作業科の手工」の学習が必修であったことを、記憶されていました。また、当時の奉天第2中学校の木工室の設備は整っていたことや、自身が、桂の木で計算尺という複雑な仕組みの木工製作を行なっていたことをも、記憶されていました。

このように、日本内地では、実現しなかった実学としてのモノづくり教育は、決して愚民教育として満州の地で定着したのではなく、エリート教育の中でも、労作教育としての価値や、ものを作る実学を教育の基礎の一つと認識した、近代国家を支える国民像が明らかにあったことを意味するのではないかと考えました。

第I章

満洲鉄道沿線地域における手工科教員養成に寄与した鈴木定次の手工教育論の特徴

概要

主に、１９０６年から満鉄沿線付属地で進められた手工教育の変遷を追い、特に南満州教育会機関誌『南満教育』と満州教育研究所月刊誌『満鉄教育たより』を中心に掲載された、手工教育にまつわる記事の収集分析から、手工科の導入、再教育による教員養成、手工研究会の開催記録について考察した。その中で、１９２９年から１９３５年教育研究所に赴任した鈴木定次が、初等教員養成・教員再教育において、手工科を推し進める中心的教員の一人として、どのように活動し、手工科の普及をなしたのか。その原動力となった手工教育観の変遷を含めて、実態を明らかにした。

キーワード：鈴木定次、満鉄教育研究所、再教育、手工教育

1．はじめに

日清戦争以前とその後では「満州」の指す地域自体の違いがある。初期は、ウラジオストック周辺から黒龍江沿岸への開拓の地としての「満州」で日本国内の農村困窮地からの出稼ぎ地域で子弟教育が行われていた。日清戦争後は遼東半島を中心に「満州」と認知され、南満州鉄道株式会社が設立され、その社員子弟教育が「満州」における日本人子弟への教育の始まりである。

１９０５年の日露戦争後、租借地関東州[(1)]と、南満州鉄道株式会社（以下「満鉄」と略記）沿線付属地[(2)]における教育は、関東庁が関与し、関東庁と満鉄のもとに日本人子弟に対する教育やそこに暮らす現地人子弟[(3)]に対する教育が行われていた。それ以外の広大な中国東北部では中華民国の教育制度の下に置かれていた。

満州国新学制発令後は、「満州国」で教育制度は一本化された。そこでの手工教育は、作業科内の手工として普通教育に位置づいた。満州国新学制発布までに、手工教育研究が盛んに行われていた時期があると推察された。そこで、どの様な人がどのように手工教育を研究し、推進していたかを明らかにしたいと考えた。

研究の方法として、先行研究及び東京高等師範学校及び広島高等師範学校同窓会誌、中等教育諸学校職員録等から、赴任者数の傾向と手工教員の赴任状況を調べる。また、その中の1人で、1929年から1936年まで満鉄沿線地域で初等教員養成・手工科教員養成を行っていた鈴木定次に着目する事にした。

鈴木が執筆出版した『手工教育学原論上・下』にみられる手工教育観や、欧州での視察の経験をまとめて出版した『欧州快遊記』の中で著した「手工教育の実際化の発見」、『南満教育』[4]『満鉄教育たより』[5]に掲載された論文等にみられる内容を検討する事で、満洲沿線地域における手工教育の特徴が明らかになると考えた。

本研究の目的は、日本の高等師範学校から手工教育を推進する教員が関東州・満洲鉄道沿線地域に赴任していたことを明らかにし、更に満鉄教育研究所において、手工科に関わる初等教員養成及び再教育を行っていた鈴木定次が残した文献をもとに、鈴木が満州の初等教育・手工教員養成において、手工科の内容・普及をどのように捉えていたのか、その特徴を明らかにすることである。

2. 満州地域の手工科教員の動向

(1) 満州地域の教育と教員養成の特徴

１９０５年日露戦争後当時、関東州と満鉄沿線付属地の小学校は、民族毎に独自に教育を行なっていた。

嶋田道彌の「邦人教育の回顧」（１９３５）によると、１９０６年から１９０８年にかけて、大連と旅順にそれぞれ小学校ができ、１９０９年には満鉄沿線地域では、８校の小学校を新設した。民国立の３小学校を含め、法人経営の小学校として13校があり、教員数50余名に達した。これが当地域での小学校教育の始まりで、小学校一校程の教員数であったという。

１９０９年に組織された南満教育会の第1回夏季講習会では、広島高等師範学校の眞田幸憲教授から教育学に関する講義を受けた。１９０８年には、70名に会員を増やし、手工・遊戯の講習科目が加わった。１９１０年以降から、満洲における日本人子弟に対する教育の特徴として、満鉄では訓練要目の実行細目の研究が行われ、関東州では郷土地理、満州の習俗、満州産の材料による手工芸が研究された。満洲における日本人子弟に対する初等教育において、当初から手工を教える教員が必要となっていた。

初等教員は、「中国の教習経験者や、東亜同文書院の卒業生などの中国語を話せるものから選抜したり、または内地から募集して補充したりしていた。」（嶋田，1935）という。関東州においての教員養成は中国人に対するもので、1916年開設の旅順高等学堂に3年制の師範科があった。さらに1918年に旅順師範学堂となり1924年修学年限を4年と伸ばした。1932年旅順第二中学校と合併する。教育内容は日本人校と同様で日本語で教授した。

他方満鉄独自に1913年4月から大連において、教員講習所を開設していた。満鉄沿線付属地において、現地で日本語が教えられて、中国に関する専門的な知識を持って中国人を教育できるように、日本人の幹部教員を養成して、その教員を中心に付属地の教育を行おうとしていた。1915年には教育研究所と改名し、日本人と中国人がともに教習できるようになった。1924年満州教育専門学校（3年制）が設立され、満鉄付属地の小学校教員養成を行った。（1933年3月廃止）その間も教育研究所は付属機関として教育研究、教科書編纂を行っていた。1933年3月に満洲教育専門学校校廃止後は、再び満鉄教育研究所が、満鉄の教員養成機関として残った。

1934年8月に、満洲国民生部により「師範教育令」「高等師範学校官制」が制定され、同年9月に吉林高等師範学校が創立された。その後1936年には、官立旅順師範学校、官立旅順女子師範学校、省立佳木斯師範学校と3校の初等教員養成学校が創立している。(表3参照）また、吉林高等師範学校は1938年師道高等学校（男子部）と改称された。新京に分校（女子部）も置かれ教員養成態勢は整備されていった。

1936年からは、日本人の移住が更に進み、教員不足が深刻化し、1939年に養成期間6ヶ月の臨時初等教員養成所を15箇所開設した。

1937年5月2日に「満州国」民生部教育司から「学制要綱及び学校令」、同年10月10日に「学校規程」が制定された。

この新学制の特徴として、満州国師道大学教授兼建国大学教授一条林治は、「……重点として二つのものを挙げました。一は目的原理でありまして、これは建国精神の徹底と実業教育の尊重とに依って熱烈旺盛なる建国精神を堅持し、至誠以て各自の職域に精勤して君国の為に己を奉げる人間を養成するにあり。換言すれば、所謂人文的陶冶と実科的陶冶とを渾然融合せしめて人格の全一的陶冶を期するにあるのであります。……」（一条，1937）と述べている。実業教育の尊重といっても、単に職業教育ではなく、国民の一人一人に確実に仕事ができる様な実質的な力を付けたいといっている。方法として、労作訓練によって、体験の教育を重視していくとしている。「学校という特殊社会に籠城することをやめて実社会と手を握る教育」（一条，１９３７）として実業重視を打ち出す学制で、初等教育の教育課程において「作業科」の中に「手工」は位置づいていくことになる。

(2) 小学校教員養成に関わる日本の高等師範学校卒業生の動向と再教育による教員確保について

先行研究により、日本内地からの満州に赴任した教育従事者について調べるにあたり、東京高等師範学校と広島高等師範学校の卒業生の外地滞在者数から動向を追った。

東京高等師範学校卒業生の植民地進出状況については、地方の学生の卒業後の動向が関係している。１９００年～１９０３年に、高等師範学校が湯島から大塚に校舎は拡大移転し、１９０２年に、広島高等師範学校が設立され、東京高等師範学校と改称した。高等師範学校卒業生は増加した。

地方の師範学校を卒業して地方長官に推挙されたものが入試選抜を経て入学し、中学校卒業者の入学も受け入れた。教授の人数も増え、次第に本科卒業生も増加していく。本科卒業生の就職先についても、地方出身者が出身地に帰って師範学校や中学校で教師になったり、よりよい待遇を求めて北海道や沖縄といった国内遠隔地に赴任したり、日清戦争後になると植民地となる外地に渡って行った。1900年代「日本教習時代」[(6)]という状況により多くの卒業生や教員が清国に赴任し、1911年の辛亥革命後、多くの在清日本人教習は朝鮮に移動していた。その後満洲地域にも移動をしていた。日露戦争後から、満洲地域に滞在する東京高等師範学校卒業生の数が増加し、表1[(7)]のように1926年には101人に達している。

また、広島高師卒業生も、同窓組織「尚志会」によるネットワークを駆使して新規教員市場の開拓を行っていった中に、満州への進出があった。現地で尚志会員が校長となると、その後尚志会員が多く赴任する実態も分かってきている。

1938年尚志会員の赴任者の多い府県を調べると表2[(8)]になる。満洲にも94人が渡っていることがわかる。[(9)]

図1からも、日露戦争後朝鮮に次いで関東州や満洲に赴任する尚志会員が増えていることがわかる。

内地だけでなく、外地においても尚志会員が校長となると、その後尚志会員が多く赴任する。新設校であることが尚志会員校長の出現と尚志会員教員の集中を促す条件であった。

1936年創立の新設校である官立旅順師範に、手工科教員として広島高師出身の徂徠俊造が赴任していることからも分かる。

表1. 茗溪会員の外地滞在者数の推移（人）年度別・地域別茗溪会客員・会員数　1907年～1926年

	1904	1907	1908	1910	1911	1913	1915	1916	1918	1919	1921	1922	1924	1925	1926
韓国・朝鮮	0	10	12	27	33	35	43	45	51	48	55	66	89	85	91
(南) 満州	0	4	1			8	12	13	33	43	59	65	84	91	101
台湾	11	9	9	21	24	26	26	28	30	42	46	51	57	67	69
清国 (支那)	11	52	49	36	36	7	7	1	3	5	6	6	9	37	37

表2. 1938年尚志会員赴任府県別集中度

	一位		二位		三位	
	府県	人数	府県	人数	府県	人数
北海道・東北	北海道	８５	福島	４０	秋田	２９
関東・甲信越	東京	１８５	新潟	５４	長野	３９
東海・北陸	愛知	８４	岐阜	５９	三重・富山	各３８
近畿	大阪	３１９	京都	１０２	滋賀	６２
中国・四国	広島	２６７	山口	１２３	岡山	８６
九州・沖縄	福岡	１８４	熊本	１２８	鹿児島	１１４
外地	朝鮮	２５１	満洲	９４	台湾	８６

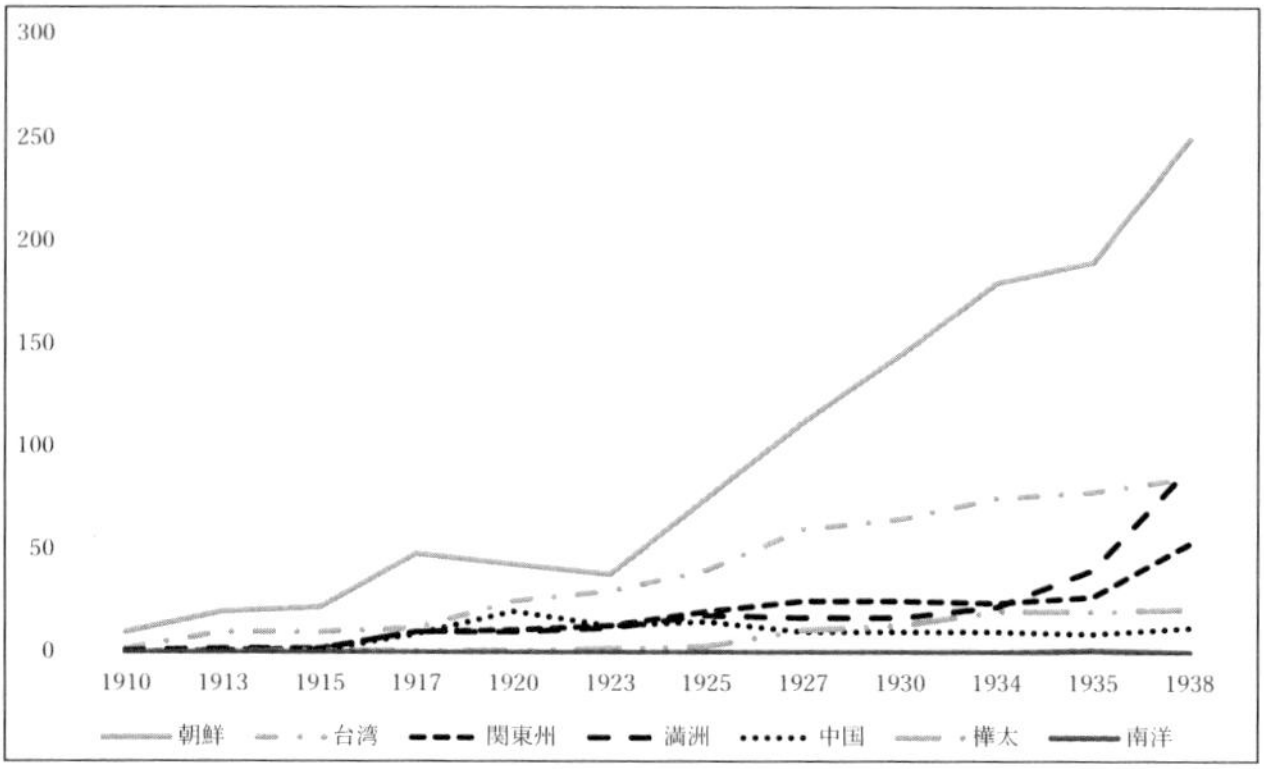

図1. 「外地」への尚志会員の広がり

このように先行研究で、高等師範学校卒業生が満州などの外地に赴任していたことがわかった。

満鉄教育研究所は、当初このように赴任してきた日本人教員に対しての再教育を中心に行なっていた。現地の中国人に対する態度や「新教育」への正しい認識を育成して現地教育に適応させせないと内地の学問だけではならないとする保々隆矣は、満州教育専門学校で教員の再教育を行なってから赴任させたことを述べている。再教育を受ける対象には他に二種類あり、一つは中国大陸に赴任していて、満州地域に転任する者。そして現地中国人教員であった。

1932年に満洲国が成立した当初、小学校には、再教育を受けた中堅教員が少なくとも一人は配置されていた。回想記[10]によると「日本人教師は一時、二人居たが、ほとんど私ひとりの時間が長く、……中略……日系教師として、赴任したものの、最初は学校経営などは、わからず、授業は日本語、体育、作業等を担当した」（柿崎武三，1981）「卒業して各々の学校へ赴任しましたが、満系教員のなかに日本人唯一人という学校が殆どでした」（谷口進，1981）再教育は満鉄教育研究所や、教員講習所等で行われてきたが、1938年に「中央師道訓練所官制」（勅令第36号）が制定・施行され、中央指導訓練所で再教育がされた。

また、同年4月12日に「中央師道訓練所第一期生訓練ニ関スル件」（民生部令第76号）が示された。それによって、初等教育教師は、第一種として、満系（第一部所生）66名に10ヶ月、日系（第二部所生）150名に7ヶ月が課せられた。

(3) 満洲地域の手工科教員の在籍の動向

関東州と南満州地域において、初等教員養成学校や中等学校でどんな教員が手工を教えていたかを、表3に記載した。[11]

1909年から1945年までの46年間、関東州・南満州地域にある中等学校91校には図画教員が確認できた。手工科の教員が在籍していたのは、女学校の手芸と一部中学の作業科も含め、表3に挙げた14校であった。図画と共に手工を指導した中等教員は、総数18人確認できた。

手工教員養成としては、1915年から1924年まで9年間官立旅順第一中学校・官立旅順師範学堂、官立旅順高等女学校に在職した、東京高等師範学校手工専科卒の佐藤幸信。1928年から1929年まで2年間官立旅順師範学堂に在職した、東京高等師範学校図画・手工科卒の川口四郎。1924年から1928年までの5年間東洋協会立大連商業学校

表3. 関東州・南満州地域中等学校（教員養成学校も含む）における手工科教員の在籍

学校名＼年	1909	1910	1911	1912	1913	1914	1915	1916	1917	1918	1920	1921
官立旅順第一中学	創立						佐藤幸信（東京高師手専M34.3）					
官立旅順第二中学					創立							
官立旅順師範学堂/官立旅順高等公学校								創立		佐藤幸信（東高師		
官立旅順師範												
官立旅順女子師範												
官立旅順高女		創立					佐藤幸信　（東京高師手専M34.3）					
東洋協会立大連商業学校		創立										山田
省立佳木斯師範												
南満中学堂（南満州奉天）								創立				
撫順中学												
鞍山中学（南満州）												
明信女		創立										
新京実科高女（新京弥生高女）												
錦州高女												

学校名＼年	1922	1923	1924	1925	1926	1927	1928	1929	1930	1931	1932	1933
官立旅順第一中学								[illegible]（[illegible]）		[illegible]		
官立旅順第二中学									（[illegible]）			1932年合併
官立旅順師範学堂/官立旅順高等公学校	手専M34.3）						川口四郎（東京高師図手S3.4）	鈴木定次　（東京高師図手S9.3）				
官立旅順師範												
官立旅順女子師範												
官立旅順高女								坂本高（東美図師T13.3図, 手）				
東洋協会立大連商業学校	[illegible]（[illegible]）		谷山義毅（東高師図手T3.3）					常木庄蔵				
省立佳木斯師範												
南満中学堂（南満州奉天）				谷山哲雄（東京師図手T11.3）								
撫順中学		創立早水巌（図・習・作）										
鞍山中学（南満州）		創立										
明信女												
新京実科高女（新京弥生高女）												
錦州高女												

学校名＼年	1934	1935	1936	1937	1938	1939	1940	1941	1942	1943	1944	1945
官立旅順第一中学												
官立旅順第二中学	杉田勇次郎（図・手工）（京市絵専T11.3）											
官立旅順師範学堂/官立旅順高等公学校												
官立旅順師範			創立　徂徠俊造（広島高師S8.3 図, 手）									
官立旅順女子師範			創立徂徠 坂本高（東美図師T13.3図, 手）					徂徠				
官立旅順高女	坂本高（東美図師T13.3図, 手）							坂本				
東洋協会立大連商業学校	常木庄蔵											
省立佳木斯師範			創立鈴木定次学校長									
南満中学堂（南満州奉天）	根本義康（東美図師S5.3）					南満鉄設立私立国民高等学校			[illegible]			
撫順中学												
鞍山中学（南満州）						[illegible]	（作[illegible]）					
明信女			李善用	（作[illegible]）								
新京実科高女（新京弥生高女）								創立 [illegible]（[illegible]）				
錦州高女			創立	[illegible]	[illegible]							

に在職し、その後1930年から1931年まで2年間、官立旅順第一中学校と官立旅順第二中学校に在職した東京高等師範学校図画・手工科卒の谷山義毅。1929年から1932年まで4年間官立旅順師範学堂に在職し、その後1933年から1935年まで3年間満鉄教育研究所に在職し、1936年創立の省立佳木斯師範学校に1938年まで3年間学校長として在職した東京高等師範学校図画・手工科卒の鈴木定次。1929年から1941年まで13年間官立旅順高等女学校及び官立旅順女子師範学校（1936年創立）に在職した、東京美術学校図画師範科卒の坂本高。1936年から1941年まで6年間官立旅順師範学校に在職した広島高等師範学校卒の徂徠俊造。これら5名が満州地域の教員養成において手工科の指導を担っていた教員であった。

また、満鉄では、1913年に満鉄の教員講習所が作られ、主に初等教員の養成がなされていた。しかし、手工科の教員はわかっていない。満鉄の教員講習所は、1915年に教育研究所と改められた。その後、1924年に満洲教育専門学校（3年制）が設立され、満鉄附属地の小学校教員の確保を図った。教育研究所は満州教育専門学校の付属機関となった。1933年に同校廃止後、再び満鉄教育研究所は満鉄独自の教員養成機関となった。

鈴木定次は、1929年から1932年まで官立旅順師範学堂で図画・手工を教え、

１９３３年から１９３５年まで、満鉄教育研究所において手工及び作業科を教え、教科研究と、現職教員向け講習会を担当し、１９３６年省立佳木斯師範創立に伴い学校長として初等教員養成を担った。

『南満教育』『満鉄教育たより』で、手工教育の関わる投稿が最も多かったのも鈴木定次であった。鈴木は、日本の地方出身者が外地に渡った一人であり、満洲地域において手工教育研究を推進していた一人と考えられる。

3．鈴木定次の足跡と日本での手工教育観と欧州視察における手工教育観の特徴と変化

鈴木定次の略歴及び著書・寄稿文は、表4の通りである。

(1)『手工教育学原論　上・下』における手工教育の特徴

『手工教育学原論』は、鈴木の主著書であり、東京高等師範学校で学び、岩手師範学校にお

表4. 鈴木定次の略歴著書・投稿文

年	出来事	著書・寄稿文
1897	5月1日岩手県盛岡市向中野八日市場生まれ	
1915	岩手師範学校入学	
1918		
1919	東京高等師範学校で、図画手工を研究。 岡山秀吉・阿部七五三吉・篠原助市に師事。	
1920		
	岩手県師範学校教官に就任	
?	神戸市須佐教員養成所教官に就任	
1925		『手工教育学原論上・下』久保庄書店. 出版
1927	欧州各国を視察、美術教育を調査研究。パリの官立美術学校に留学、同時期ジュルアン絵画研究所、アカデミー・グラン・シアンミセルでのデッサン等にも通学。ドイツミュンヘン大学において、ケルシェンシュタイナーから労作教育の講演を受講。	
1929		
	東京高等師範学校教授嘱託・官立旅順師範学堂教員に就任。(1932年に旅順二中と合併し、官立旅順高等公学校師範部・中学部と改名) 教官・関東庁視学官を兼務。	
1932		「日本手工教育の本質観と手工教育の現況」『手工教育之原理與其実際』新興教育叢書, 満州文化普及会, 200 p 出版
1933		『欧州快遊記』賢文館. 出版
	奉天教育専門学校・満鉄教育研究所（満鉄教育専門学校）講師に就任。	「満蒙関東州将来の手工教育問題」『南満教育』第123号, p 21-30（関東州視学委員として）寄稿。
1934	12月8日（土）奉天教育研究所「手工（工業）研究会」参加。	「民族教育学と満州の教育問題」『南満教育』第140号, p69-71. 寄稿
1935	8月満鉄初等教育研究会総会及び作業科実地授業研究会（撫順公学校にて）参加。	「手工教育の本質と方法観の研究」満鉄教育研究所発行研究要報第5号, p1-150. 寄稿（同年出版）
		「手工教育学五十年記念日を思う」『満鉄教育たより』第13号寄稿
1936	桂林斬（チャムス）初代師範学校長となる。（ロシア国境近く満州国三江省）同時に軍の指示により，宣撫班としての任務もおった。	
1942	玉川学園興亜工業大学教官（後の千葉工業大学）	
1944	沼津教育科学研究所所長	
1954		『駿遠豆歴史物語』日本教育科学社蔵版. 出版
1955	修紅女子大学（岩手県一関市）専任教授（後の修紅短期大学）	
1958	死去　享年６１歳	
1983		『原敬物語』主婦の友出版遺稿. 出版

いて教員養成を行った頃の、彼の手工教育観を著している。篠原助市（1876－1957）から教育工学を学び、その手法を基に「手工教育」を科学的に捉えなおそうとした。この本の巻頭に篠原助市が推薦の意を寄稿している。

鈴木は、『手工教育学原論上』において当時の手工観を、1888年頃手工科創設期による影響で手工は手職人の教育として一般に理解されていたとしている。その後、「ある時は実利的効徳、またあるときは教育的陶冶価値としての一般的形式陶冶として変化していった」（鈴木，1925）と捉えていた。

当時の手工教育は、児童生徒が実際に細工をし、工芸的な美しさを楽しんで、更に工業の基礎を行うことを目指していた。教員養成では、大工指物鍛冶の初歩的な技能を、地方教材を取り入れて教えていたという。「手工は手を通じての頭の陶冶にあらずして、指先の教育をなすというものに対し批難する」（鈴木，1925）と著している。むしろ手工とは、「批判的教育学を教育理想とし、理想到達一分科」（鈴木，1925）として教育の中に価値づけるべきで「真の人間への教育として、人間の先験的本能の発展たる文化価値実験表現への体得技能並みに知識たらしむべき手工教育をなさねばならぬ。」（鈴木，1925）と提言している。

まず「児童教育の出発点として、本能を考え、仕上げとして、文化的知識技能の所有者たらしむべく、手工を用いなければならない。」（鈴木，１９２５）としているのである。

知識の習得方法と照らし合わせ、手工の学習を、模倣でも職業人の基礎習得でもない、文化創造力を育てる学習であるとし、手工を学ぶ事を捉えなおし「諸教科の出発点として又総仕上げの教科」（鈴木，１９２５）と著している。

次に、『手工教育学原論下』において、谷本富（たにもととめり，１８６７－１９４６）の手工教育目的論を紹介し、「著書の大いに賛同を著す点の多きものにして、余の根本概念の基礎観念構成の中にこの思想を汲み入れし所多々あり。」（鈴木，１９２５）と加えている。

日本国内において、１９０７年から高等小学校必修科目となった手工教育は不振であり、１９１１年には選択となった。東京高等師範学校内手工教育研究会では、手工を普通教育に位置づけるためにも、それまでの手工の学習内容を発達段階にあった題材や内容を体系化し、更に再構成していった。実際の現場では、スロイド式を基に選ばれた題材を教授するにあたり、その作業の持つ知的学習より作業の精度しいては作品の出来に価値を置くことになっていったという課題点を踏まえ、岡山秀吉を中心に、更に初等から中等までのより構成的要素のみられる、目と手を使い発達段階に適合した脳機能的にも成長を促す教材・題材配列を試みた『新手工科教材及教授法』（１９２０年）を編集した。

それに対して谷本は、スロイドの再配列や色板や豆や粘土を使った手工教育の初等教育によっては、本来の工業の基礎は育たない。それよりもデューイのいうプラグマティズムを基とした手工教育につながる教育を施すべきとし、理想としてシカゴ大学で展開されている工作棟での初等教員養成実践を示し、これこそ創造力を育て、文化・経済活動を創り出す能力を育成する国民教育なるものであるとした。

谷本は、デューイ式の手工教員養成は、小学校教員養成のなかでも行われており、女子に対しても木工及び製図等も男子と同様に行い、一般陶冶として指導者・学生・児童に定着していることを強調している。

鈴木は、上記の部分を支持し、今後行われるべき手工教育が補習学校のように作業的に陥らないにしても、労作教育の要素を踏まえた工業の基礎としての手工教育であるべきであると考えを示している。

『手工教育学原論上・下』における手工教育観の特質として、批判的教育学に基づく「科学的な手工」と、労作教育の要素を踏まえた工業の基礎という、2点が挙げられる。

『手工教育学原論下』359から、第9章として、手工教材5大題材の主張においてを表している。ここに、鈴木が実際に考える手工教育の基礎概念を基にした具体的な教材を材料・時間数・基礎的学習内容が書かれている。

(2) 欧州視察からの日本手工教育の再認識

鈴木は、私費でロシアシベリア鉄道を経由し、パリ・ベルリン・ロンドンに滞在した。そして欧州各国を視察した。その詳細を随筆として『欧州快遊記』賢文館、1933年を著している。その中で手工に関する記述として、イタリアの視察とドイツベルリンでケルシェンシュタイナーの講義を受けたという事である。

イタリアに滞在している日本人下位教授（東京高等師範学校籍）の紹介で、鈴木は1928年6月、ローマの私設ベツソウ裁縫師範学校で「日本手工教育の本質観と手工教育の現況」について講演し、新聞・雑誌二誌に掲載された。鈴木自身が、強く以後の青年教育に影響を与えたと述べている視察が、カラチヨロ艦である。ナポリの実業家婦人のチビタ夫人が、第一次大戦直後から多くいた孤児を、カラチヨロ艦という古い戦艦に集め、「善良なる労働者」の教育理想のもと、実業教育を施していたという。艦内には、木工室・金工室・教室・休養室・就寝室等があり、基礎工作機械も鈴木が納得する程度の物がそろっていたという。生徒作品の質が高く、カメラに納めたという。下位教授の勧めもあって、鈴木は講演だけでなく、その場で穿孔彫刻実演を行って、とても感激されたという。

欧州視察を経て、鈴木は、日本の手工教育が、欧州の実態と比べても大変進んでおり、自信を持ったと述べている。その理由を、当時新設された大塚の東京高等師範学校程の手工教室は見当たらないし、人間を器官の一部とも捉えた機械人教育のように、欧州の教育を感じたとしている。芸術的・宗教的な敬虔な精神を持つ国民文化を自覚した上での、独自な日本の手工教育を進めていくことで、欧米の機械文明にはない発展をとげると考えを示していた。

4．南満州教育会における鈴木定次の手工教育研究と手工教育観の特徴

1929年に、鈴木は欧州から満州に戻り、東京高等師範学校教授嘱託で旅順高等学堂（1932年に旅順一中と合併し、官立旅順高等公学校師範部・中学部と改名）教官・関東庁視察官となる。3年後、満鉄教育研究所（教育専門学校）講師となり、日本内地からの師範学校等卒業生、中国国内に赴任していた日本人教習、中国人教員の再教育を担当した。この時鈴木は、他の教員と同じく、南満教育会に入会した。

南満州教育会は、日露戦争後１９０４年に、関東州と満鉄沿線付属地の初等・中等教職員で構成され、総裁を関東長官が行い顧問に満鉄総裁が就任していた。その南満州教育会の機関誌『南満教育』は、行政当局からの広報としての役割が強く、当該地管下の日本人及び在住中国人への教育に対する指導的教育情報が掲載され、教職員の研究発表なども行われていた。

表４からわかるように、鈴木は、満鉄教育研究所在籍時に「手工教育本質に於ける特質観の考察」「満蒙関東州 将来の手工教育問題」「民族教育学と満州の教育諸問題」を投稿している。それらから、手工教育感の特徴をみることにする。

(1) 「満蒙関東州 将来の手工教育問題」南満州教育会『南満教育』123号 １９３３年 21 - 30における鈴木の手工教育観

『南満教育』１９３３年123号の巻頭の南満州教育会会長日下辰太による「年頭箴言」をみると、教育の実際化を唱えており、一人一人が仕事を持ち、生活力を身につけられる社会とかけ離れていることのない教育が求められているのではないかと述べている。そして、日本内地の教育にある普通教育の体系に捉われずこの地の教育事情に合う生活に直結した教育展開を求めている。そして、満洲という特異な環境を活かした教育体系の構築に着手していくようにと加えていた。鈴木は、その中心であった満鉄教育研究所に所属し、手工の理論と実技の指導が出来る教員として、迎え入れられていた。労作教育を汲む、強い主導の中で「手工科」は初等教育に位置付いていった。

『南満教育』１９３３年123号（1月10日発行）に、関東州視学委員として、鈴木は「満蒙関東州 将来の手工教育問題」を寄稿している。欧州視察の際、ドイツミュンヘン大学において、ケルシェンシュタイナーの労作教育の講義を受けての手工科の教科特性と意義を論じた。手工を単に工作する技能教科であるととらえるのではなく、人間教育において必須教科として前著作である『手工教育学原論』から欧州視察後考えを改めたことを含め要点を著すとした。また、満蒙の地域で、前著書の教材観が更に研究を進めることができているとしている。

手工教育の性質観として、まず「手工」を必須教科と考える根拠を、「手工教育原論で主張している如く自然を征服して「理性」を生む価値観として、理想価値と現実価値等がある。その両価値を認識体験させる仕事を科学的に立案させ系統付けた、教育の基礎条件として三つの基礎条件を生む。」（鈴木，１９３３）とした。三条件とは、一論理的基礎条件、二倫理的基礎条件、三美学的基礎条件である。そして、「手工は美学的基礎条件を完成させる一分科教科として手工の本質を考え斯くして人間教育の必須科として欠くことのできない」（鈴木，1933）と述べている。この考え方は、日本で鈴木が著していた手工教育の特徴的な考え方である。

また、発達段階に添う手工教材の配列の重要性を述べている。「遊戯の中の『構成本能と物品工作の本能』こそが、自然手工の出発点であり、そこでの善い指導が、学校手工の重要な見地であるとした。初等の児童に於いては、玩具制作を通して遊びたい自然の要求を満たし、工作させつつ、多くの経験と認識的体験ができるとし、手工の必須科性を説くのは『構成本能の発展』を育てている点である」（鈴木，1933）と述べている。

鈴木は、その発達段階に添う手工教材の配列により「造形美鑑賞への心理的統制を計る方法の基礎」を育むとして、活動期（7～8才の体験を通して学ぶ時期）の児童には風車、性質期（9～10才の物事の原理の理解を求める時期）の児童には水鉄砲の制作をさせると効果的であるとするなど、その発達段階に合わせて、材料や道具を「易より難に」「粗より密に」「簡より繁に」低学年から系統的に発達させ、能力を捉えていた。

この考え方は鈴木独自の考えではなく、岡山秀吉『小学校に於ける手工教授の理論及実際』

1908年で著された「手工教育の教育的価値」をもとに配列を考えられたものに類似していることから、岡山から学んだ内容と捉えられる。

しかし1920年に出版された岡山秀吉著『新手工科教材及教授法』に、「生産的陶冶」という枠組みを提示し木工の教授について「手工教授の三任務」として「一般的陶冶」「実用的陶冶」「生産的陶冶」を尋常小学校から高等科に位置付ける考えには影響を受けている文面はない。このときは、鈴木は学校を卒業しており、直接教授されていなかった。

また鈴木は、「手工は『職能』の基礎訓練と共に諸教科より得たる知的経験をして『技能化』させる体験的統合的表現教育とならねばならない」（鈴木，1933）と著した。手工教育の特質を、中等学校以上の教科で発揮するのは、「職能」と「合科的総合教科的役割」の内容であるという。

そして鈴木は、まずは農業立国から工業工芸立国を目指し、物品の加工製造を興し、今は輸出による収益を上げることで、満州及び日本を困難から打開することが重要問題であると考えていた。

そして、「……彼のドイツは大戦後大いにこの問題に立脚して単なる一般陶冶の手工の上にこの『手の仕事教育』極言すれば工業工芸立国への活躍人を作るべく苦しい国庫の中から莫大の金を投じて職業訓練所として無試験無授業の高等工芸や手工学校を設けたのである。」(鈴木，1933)と紹介している。日本や満州において「……十五歳位からの教育は私の説くこの経済的基礎条件に立脚する目的観の学校が出現しなければ」(鈴木，1933)とした。更に、「工作」から発展する、「生産」に力を入れなければならないと主張した。「工夫創作の基礎となる製図と図案に力を入れ、工具・工作法の化学的研究と、新材料工夫を進めていかなくては」と、教育研究所でその後行う研究も示唆している。

これらを実現させるためには、一般陶冶として地方の児童も都市部の児童も等しく手工を学ぶことを主張している。

「経済的消費階級も生産階級も、国の経済国策を正しく理解して、農業立国から工業工芸国に力を入れることに向かわなければならないからだ」とした。ケルシェンシュタイナーの説く「労作教育」において、「『社会的共同精神』の養成として、『手工科』が最も適切に指導する事ができる教科の一つだ」としている。

また、「生産に責任を持ち大量に物品を生産しても、その中に「粗製乱造」をしてしまう民族性の欠陥を是正する、倫理的教育が必要だ」としている。

最後に、諸教科総仕上げとしての手工的特質観を記している。

「手工は物品を構成する間に諸教科を必然的に総仕上する。この考へはドイツ諸邦に盛んに行われている。各科連絡への手工と共に今後の教育教授の方面に研究と共にその教材を案出しなければならない。……中心総合法として手工を中心に各教科を総合的に教えるとか或いは総合し全般しなければならないという意味でなく、立案的に可能なる部分をなさしめよというのである。……理科教授に於て学習せる事項を粘土を用ひて制作させる事は体験的知識の技能化であつて誠に適切有効なる効果をもたらすものである。」（鈴木，１９３３）と、手工が将来普通教育の中でどのように必要であるかを主張した。

更に、読み手の教師に解りやすく例を示している。「例へば銅を用いて細工する場合にこの銅は何時の時代に発見されたかといふ事を問ふ。これは歴史的方面の総仕上である。この銅の性質はと問へば理科的総仕上で、この銅の出産額の日本の順位はととへば現代経済史的総仕上である。伯林（ベルリン）シエペルヒの一学校で粘土教材を中心に各教科と連絡させした教授参観した事があつた……」（鈴木，１９３３）と、尋常小学校一年相当の国語と製作と唱歌、綴方、絵画と、総合的に展開していたという。今後「立体的表現教育」として、総合的に手工が考えられるとした。満州では、１９３６年に初等教育の中に、尋常１・２年に有効とされ、合科導入は試みられている。

「手工教育の本質と方法観の研究」満鉄教育研究所発行研究要報第5号、1-150.には、「本質より演訳せる実際系統案の例」として、手技内容から尋常科第1学年から第6学年までの年間指導計画を著している。また、折り紙に注目して、題材を更に研究実践している。日本的教材を用いて教授する術を、教師教育の中に取り入れていた。また、旋盤を使った実習や、実習で制作した木工による家具・指物作品の写真を載せており、教育研究所で、日本内地の手工教師教育の内容が指導され、施設を備えていた事を著している。具体的教材配列や、素材の加工技能などが検討されていった。そして、満州国の国民学校「作業科」内「手工」の細目選定に採用されていた。特に「芋版画」が採用されていることからもわかる。

(2) 「民族教育学と満州の教育諸問題」南満州教育会『南満教育』140号 1934年 69-71における鈴木の手工教育観

1934年140号に、郷土教育についての諸研究とともに、鈴木は「民族教育学と満州の教育諸問題」を寄稿している。より満州の現状に合う手工科の在り方を考えている。「各民族の日常接触の地であるから、日本内地の普通教育のやり方では現実的に立ち行かず、それぞれの民族に合う教育体系を作りその教育方法論もそれぞれ違ってくる」（鈴木，1934）としている。手工科の普及には、その先にある作業科・工業科も視野に入れて、研究すべきだというのである。民族学的労作教育研究会を立ち上げて、諸研究をともに行おう呼びかけている。実際それぞれの民族に対する教育機関「公学校」で、作業科は充実していくこととなる。鈴木は、研究所所長八木壽治と教育研究会等に出席し、助言指導を行っている。

その後、南満教育会は、在満日本人教育会となり『南満教育』は終刊となる。それから、満鉄沿線の付属地では『満鉄教育たより』に、教育行政一般の通達、または研究事項が掲載されるようになる。

(3)　満鉄教育研究所における「満鉄初等教育研究会手工(工業)研究会」の活動と鈴木の初等教員養成への移動

１９３４年12月に、満鉄教育研究所で「満鉄初等教育研究会」手工（工業）研究会が行われ、在満日本人の各小学校の校長や訓導が出席したことが掲載されている。研究所所長八木と研究員鈴木が講話し、実技を実際に講習した。継続して、具体的に各学年の教材を検討し、細目を作成していることが記されていた。

「各学校長及修身科研究主任によって訓練細目の検討が行われ、他の一方面に於ては芸術的思想に傾倒せられたる結果として、手工の研究会講習会の頻繁なる開催のみならず、満鉄小学校の如きは、図画手工の巡回教師を主要地に派遣して、半年乃至一箇年間を特定の学校に駐在し、実地教授の余暇を以て当該学校の教育を指導する制度を設けられ、約三箇年間かゝる組織の存在を見たこともあった。」（嶋田，1935）と、地方の初等教育の普及に携わる、図画手工講師の派遣に力を入れていた。

1935年10号から「現地主義を基盤にした郷土教育の推進をする」といった文言が増え、当号に『満鉄中等教育研究会報告』として、「作業科実地授業研究会」「郷土科研究会」「作業科研究委員会」が、それぞれ教材配列等を掲載している。当初、主に初等教育を担っていた満鉄は、中学校教育の推進もになうことになった。その中で、労作教育の研究で更に推進し、中学校での作業科を実施していった。

1935年13号に、鈴木は「手工教育五十年記念を迎ふ」を寄稿している。これを最後に鈴木は、ロシア国境地域の、佳木斯師範学校創設に伴い学校長として赴任し、地方で初等教育教員養成に当たった。初等教育の手工科は、関東州及び満鉄沿線付属地を中心に、教員の再教育によってある程度定着し、満洲国民生部より1934年8月に「師範教育令」が制定され、師範学校が整備され、日本からの入植が拡大した、大陸東北部奥地の初等教育普及へと移行した。また、教育研究所の課題は、中等教育の作業科・実業教育推進へと進んでいく。

5．鈴木定次の手工科再教育の特徴

１９１５年から、日本の高等師範学校卒業生は、他の外地への進出と同じように、満州地域へも赴任し、手工教育推進及び教員養成に寄与した。その中で満洲地域の師範学校設立と同時に手工教育を行う者など、何人か中心教員が明らかになった。鈴木も中心となる教員の一人と考えられた。

満洲地域での教員養成や再教育で行われていた手工教育の特徴は、ケルシェンシュタイナーの労作教育学に基づく手工の意義を、教材配列に具体的に示したところだと考えられる。そして、満州「現地適応の郷土教育」に基づき、地域素材の利用を勧め、合科的授業の進め方等を、満州各地から集まる現職教員や各地に赴任する師範学校卒業生に講義し、実技指導することで、満州の初等教育における手工科教員養成によって普及させていったと考えられる。鈴木はその時期に満鉄教育研究所で、教員養成及び手工教育研究を推進していた。

そして、手工科の普及には、その先の作業科・工業科の整備、発展が伴って必要だとし、実業教育重視へつながる視点もあったという事も、もう一つの特徴であろう。

鈴木が赴任するまでは、手工教育は重要であるという認識はあるが、日本の手工教育の視察報告が主であった。教員の研究発表が具体的に教科の内容研究となったのは、鈴木が南満教育会に在籍した頃からといえる。鈴木は、満州国の公民教育に必要な普通教育の中の1つとして位置づけられる「手工」の扱いについて述べた。その特徴は、日本での著書の中での「真の人間への教育として、人間の先験的本能の発展たる文化価値実験表現への体得技能並みに知識たらしむべき手工教育をなさねばならぬ。」（鈴木，1925）という考え方から、満州においては、「手工は『職能』の基礎訓練と共に諸教科より得たる知的経験をして『技能化』させる体験的統合的表現教育とならねばならない」（鈴木，1933）と変化している。手工教育の特質を、中等学校の教科で発揮するのは、「職能」と「合科的総合教科的役割」の内容であるとも述べており、より実業教育の基礎であり、「労作教育」に基づく「手工教育」の役割が強いという特徴があるといえる。

注

（1）日露戦争後ロシアから移譲された検疫のある地域。面積は３４６２㎢。旅順や大連といった港が発達した地域でもある。（外務省条約局法規課，１９６５）

（2）関東州以外に298㎢の付属地を経営。その内訳は、鉄道を中心として62ｍの鉄道用地と駅周辺市街地、鉱山を含む。（『満州国』教育史研究会，１９９３）

（3）本稿では、満州にいた人々を指し、漢族、朝鮮族、蒙古族、ロシア系民族も居たと考えられる。

（4）１９０９年８月関東州と満鉄付属地の初等中等教職員を会員として組織された南満州教育会が発行した機関誌。（１９０９年８月から１９３７年７月まで発行当初年２回後に月刊）

（5）満鉄教育研究所 発行月刊誌。（１９３４年９月から１９３７年11月まで全39号）

（6）清末期の中国は、教育の近代化を図るために、日本をモデルにし、数多くの日本人を教師として雇った。20世紀初頭は、日本に留学する中国人の多い時期と重なり、一方で同時期において中国各地の諸新式学校に赴き、教育活動に携わっていた日本人も多かった。彼らは日本人教習と呼ばれている。中国教育史上「日本教習時代」とも言われて、最盛期には数百人に達した。

（7）稲葉継雄（１９８４）『東京高等師範学校と韓国・朝鮮の教育（その1）茗溪会関係者の半島進出―明治・大正期―（昭和58年度筑波大学学内プロジェクト研究報告書 45より転載（出所）『茗溪会客員及会員一覧』『茗溪会客員会員名簿』『教育』）

（8）山本一生（２０１５）『広島高等師範学校卒業生の「外地」転出動向』 8より転載。

（9）山本一生『広島高等師範学校卒業生の「外地」転出動向』 9より転載。

（10）長野県南陵会学院史刊行委員会編（１９８１）『師魂　満州国立中央師道学院史』 19・25.

（11）金子一夫「旧植民地の図画教員　旧関東州・南満州」同人誌『一寸』第六十七号（２０１６）45－60から、手工科教員のみ抽出し筆者作成。

引用文献

一条林治（1937）「満洲国新学制の精神」嶋田道爾『満州教育史』青史社，883-884．

稲葉継雄（1984）「東京高等師範学校と韓国・朝鮮の教育（その1）茗溪会関係者の半島進出―明治・大正期―」『昭和58年度筑波大学学内プロジェクト研究報告書』，1-45．

金子一夫（2016）「旧植民地の図画教員　旧関東州・南満州」同人誌『一寸』第67号，45-60．

日下辰太（1933）「年頭箴言」『南満教育』122，南満州教育会，2．

実藤恵秀（1939）『中国人日本留学史稿』，財団法人日華学会，139．

澤藤太七（1926）「波の彼方の手工教育」『南満教育』63，南満州教育会，16-18．

嶋田道爾（1937）『満州教育史』青史社．

鈴木定次（1925）『手工教育学原論上・下』久保庄書店．

鈴木定次（1933）『欧州快遊記』賢文館．

鈴木定次（1933）「満蒙関東州　将来の手工教育問題」『南満教育』122，南満州教育会，2・6-29．

鈴木定次（1934）「民族教育學と満洲の教育諸問題」『南満教育』140，南満州教育会，69-71．

鈴木定次（1935）「手工教育の本質と方法観の研究」南満洲鐵道株式會社教育研究所（編）『研究要報第5輯』，1-150．

高畠貞民（1928）「手工教育振興のために」『南満教育』12，南満州教育会，55-57．

槻木瑞生（1992）「『満鉄教育たより』解説」『満州国』教育資料集成Ⅱ期『満鐵教育たより』3，エムティ出版，1-9．

山本一生（2015）「広島高等師範学校卒業生の「外地」転出動向」『上田女子短期大学研究紀要』，3-19．

Characteristics of Teiji Suzuki's theory of handicraft education that contributed to the spread of handicrafts in the area along the Manchuria Railway's

It mainly followed the transition of handicraft education that has been promoted in the area along the Manchuria Railway since 1906. In particular, I analyzed articles related to handicraft education published in the magazine "South Manchuria Education" of the South Manchuria Education Society and the monthly magazine "Manntetsu Education News" of the Institute of Education in Manchuria Railway's. I considered the introduction of the handicraft department, teacher training through re-education, and the record of the handicraft study group at that the Institute of Education in Manchuria Railway's.

I investigated how Teiji Suzuki, who was assigned to the Institute of Education from 1929 to 1935, worked. The teacher re-education conducted by him had its own characteristics. He contributed to the establishment of the handicraft department in the area along the Manchuria Railway's.

Key Words：Teiji Suzuki, "South Manchuria Institute of Education", Re-education, Manual arts and crafts course education

鈴木定次（1933）『欧州回遊記』賢文館、巻末
（前列右、鈴木定次）

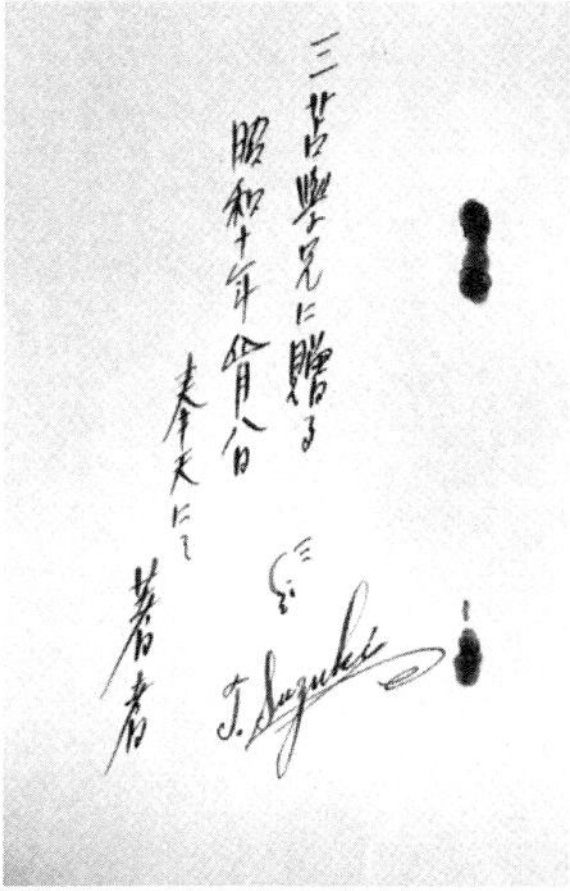

鈴木定次（1935）「手工教育の本質と方法観の研究」『研究要報 第5集』南満州鉄道株式会社、巻末

手工教育の本質と方法観の研究

講習科生木工成績品

滿洲國奉天省委託學生の教授狀況

養成科講老科生彫塑作品

教育研究所（1935）「手工教育の本質と方法観の研究」『研究要報 第5集』南満州鉄道株式会社、80、81
（上授業において学生が作った作品。中右立人物、鈴木定次。下授業において学生が作った作品。）

第Ⅱ章

関東州と満鉄沿線付属地における公学校「作業科」の導入過程

―『満鉄教育たより』掲載記事を手がかりとして―

概要

１９０６年から満鉄沿線付属地で進められた手工教育の変遷の中で、「手工」が公学校の「作業科」という教科の中に位置付き実施されていく過程を、１９３４年創刊の満州教育研究所月刊誌『満鉄教育たより』を中心に、掲載された手工教育にまつわる記事の収集分析から考察した。

関東州庁の下、１９３２年から１９３７年満州国新学制制定までの5年の間で、「作業科」の中に「手工」が位置付き、その細目内容や実施方法についても、特徴ある変遷がみられた。満州国新学制に必修教科として採用される「作業科」が、「満鉄教育研究会」を中心に関東州と満鉄沿線付属地における公学校で実験研究・検討されることにより、地域に適応させて導入されていった実態において明らかにした。

キーワード：公学校、作業科、満鉄教育研究会、手工、必修教科

1．問題の背景

１９０５年の日露戦争後、旅順や大連を含む面積３４６２㎢程の租借地関東州（外務省条約局法規課，１９６５）と、298㎢の、鉄道を中心として幅62ｍの鉄道用地と駅周辺市街地、鉱山を含む南満州鉄道株式会社沿線付属地（『満洲国』教育史研究会，１９９３）における教育は、関東庁が関与し、関東庁と満鉄のもとに日本人子弟に対する教育やそこに暮らす現地人子弟に対する教育が行われていた。南満州鉄道株式会社は、以下「満鉄」と略記する。

本稿で扱う現地人の学校である「公学校」には、主に現地の漢族が通っていた。しかし、地域によっては、満州族、朝鮮族、蒙古族、ロシア系民族もいたと考えられる。（関東長官官房文書課，１９２７）（嶋田道爾，１９３７）（竹中憲一，２０００）また、各民族独自の民族学校(1)の存在も認められている。そのため、本稿では満洲にいた人々を、中国人ではなくそこに暮らす「現地人」とする。

関東州と満鉄沿線付属地以外の広大な中国東北部では、中華民国の教育制度のもとに置かれていた。

１９３１年に満州事変が勃発し、その後、関東軍によって満洲全土が占領され、関東軍主導の下1932年に満州国建国に至った。それから1937年に新学制が制定されるまでの5年間は、関東州庁が教育制度の編成を進め、現地人子弟に対する教育の内容を検討していた期間である。各教科についての検討も行われ、満州帝国「国民科」「国民道徳」「作業科」といった教科が登場した。（野村，1993）

1937年5月に、満州帝国民生部教育司から「国民学校令[2]」が出され、教科については、「国民学校規程[3]」に詳細が示されている。特徴としては、「国民科」の中に国民道徳の基礎、国語[4]、国史、地理、自然に関する知識の初歩で構成されたことが挙げられる。また、「国民道徳」について記されている。また、「作業科」という教科の中に、「園芸」「手工」「作業」があり、優級学校では「実務科」がそれらに代わって加えられることが明記されている。

「作業科」という教科は関東州庁によって決定されたが、その教育内容は、関東州・満鉄沿線付属地の教員からなる作業科研究委員会に検討を託されていた。その記録を追うと、次のようになる。

満鉄教育研究所主催、初等教育研究会内第2部作業科研究委員会は、現地人子弟に対する公学校の「作業科」について研究を行っていた。構成会員には、日本人教員と中国人教員双方がいた。

本稿では、1934年から1936年に発行された『満鉄教育たより』に掲載された「作業科」に関連する記事に残る作業科研究委員会の協議内容等を手がかりに「作業科」の導入過程の一端を明らかにする。

『満鉄教育たより』は、1913年に作られた満鉄の教員講習所を前身として、1915年に教育研究所と改め、その後1924年設立満洲教育専門学校の付属機関となり、1933年同校廃止後再び満鉄独自の教員養成機関となった満鉄教育研究所発行月刊誌で、全39号ある。主に関東州と満鉄沿線付属地における教員の教育研究活動を残している資料の1つである。

2. 先行研究からみた問題の所在

満州地域において行われた植民地教育について、槻木瑞生・「満州国」教育研究会による『「満洲国」教育資料集成』に掲載されている教育に関する行政資料や手記などを、最も多く参照した。また、そこで行われた教育の概要が明らかにされている先行研究には次のようなものが挙げられる。野村章「『満州・満州国』教育史研究序説」エムティ出版，1995年においては、「奴化教育」が満洲学制によって確立していった変遷がわかる。また、宮脇弘幸「満州の教育」（宮城学院女子大学人文社会科学論集（第29号），2017）においては、満洲で行われた日本語教育及び教科書編纂についての概要がわかる。そして、小谷野邦子「『満州』における教員養成」（茨城キリスト教大学紀要第45号，2011）においては、満州入植者人口の増加に伴う、満州地域の特徴的な教員養成の変化が明らかになっている。更に、原正敏は、「『満州国』の技術員・技術工養成をめぐる若干の考察」（「名古屋大学技術教育学研究」第10号，1996年）で、満州地域の中等教育における実業教育への傾倒についての考察を行っていた。

更に、特に本稿に関係する先行研究について次の3つを取り上げ、明らかになっていることを著す。

(1)　先行研究より明らかになっていること

竹中憲一『「満州」における教育の基礎的研究』（全6巻，柏書房，2000）では、満州において、関東州と満鉄沿線地域の2体制で進められた特徴的な教育体制について、その概要が著されている。関東州では「内地延長主義」教育、満鉄付属地では「現地適応主義」教育という2つの考え方で進められていたことが明らかにされている。また、関東州は租借地であることから、満州における日本人子弟に対する教育は、日本国内の教育に準じて行われていたことがわかった。現地人の子弟に対する教育内容については、日本語教育について以外は詳しい記述はなかった。

また、高野仁は、「『満州国の教育』に関する一考察─実業教育重視と民国のかかわりを中心に─」（佛教大学大学院紀要文学研究科篇第40号，２０１２）において、中華民国の近代教育施策の中ですでに始まっていたデューイの実験校等で学んだ教師たちによって進められていた実業教育重視の教育を引き継ぐ形で、現地の中国人教員に受け入れられ、実践できていた日本人による植民地教育の現状を、当時の教員等の手記から明らかにしている。また、中華民国時代に就学率が低かった地域の就学年齢を超えた中国人生徒も実業を学べる事から、現地人子弟の就学率が上昇した成果も明らかにした。高野は、その後の研究においても、「中国近代資本主義の発展と実業教育の進化として、黄炎培の職業教育運動と実業教育の展開」や、「『校長請負制』からみる、満州国での学校管理の強化による実情と植民地教育の問題点」を、具体的に論じている。それは、日本が植民地教育に乗り出した頃、中国東北部では「校長請負制」による学校運営が行われていたことに注目した。そして、この教育行政には不合理と無駄があり、近代化教育の進行を妨げていたことが明らかになっていた。その後、満洲建国に際し、新教育体制は「校長請負制」を次第に排除して、視学官の監視と指導を行った。そのことで、予算や方針が末端の学校で行き届き実施され、以前の腐敗体制が改善されて、教育の近代化に寄与したことを明らかにしている。

そして、山本一生は、「1920－30年台の満洲公学堂教員の意識変容―教育雑誌『南満教育』の分析を中心に―」『東京大学大学院教育学研究科紀要』第46巻，2006．において、現地人教育の目的の変容を、実際に現地人教育に携わった公学堂教員の言説から分析した。実際には、日本人より多くの現地人の学校を有した満鉄付属地ならではの教育の変化を分析した一例となった。しかし、そこで実施された具体的な教育内容の記述はない。

(2) 未だ明らかになっていないこと

これらの先行研究の中では、筆者が満州地域の教育の一つの特徴と推測する公教育の初等教育の中に「手工」が作業科の中に位置づいたことは扱われなかった。満洲地域での初等教育において、実業教育の基礎となる手工教育がどのように位置付いたのかは明らかになっていない。また、満州国学制において初等教育に登場した「作業科」の具体的学習内容が明らかになっていない。そして、満州国学制スタートと同時に「作業科」は実際に実施可能だったのか、またそうであったなら、どのように指導者等育成され、設備を整えて実施可能にしたのかは明らかになっていない。

(3)　学術的な問題及び研究の意義

「近代教育」の進展の中で、手工教育の発展と普通教育への定着は、当時の国家が必要とする教育内容の一つであり、国民の幸福につながる実現的な教科とも考えられ、導入されようとしたと考えられる。そのことは、日本における大正末から昭和初期の初等教育の変遷からもわかる。経済不況の続く中であっても、国は初等教育の維持・発展を図る方策を採用していた。

文部省は1926年には「小学校令及び同令施行規則の改正」により、高等小学校制度を改革し、「教育ノ内容ヲシテ実際生活ニ一層適切ナラシムルコトヲ期シ」「図工、手工及び実業を必修とし」「手工は實業の外に出して」「共通に学ばせることにし」「実業の中に手工の代わりに、工業を設けた」のである。そして、初等教育の完成教育機関としての性格を高等小学校で明確にした。高等小学校義務化と義務教育8年制の実現によって、質の高い労働力育成を図っていたし、高等小学校への進学者も増加した。

1927年に「児童生徒ノ個性尊重及職業指導ニ関スル件」を訓令し、児童生徒の個性に即した学習指導と共に進路指導を進めた。

「手工科」は、普通教育としての基礎学習を担い、高等小学校の実業の教育の一つとして実施され、地域の児童の進路の実態に応じて選択的に行われるものになっていったといえる。また、当時の中華民国でも「手工科」の実業教育としての側面での導入もみられる。1917年当時の中華民国の壬子学制では、「教育救国」思想が存在し、あらゆる産業の危機や困窮から脱却するには、「（産業の基盤となる）人材育成、即ち教育に頼るしかない」（小野忍・斉藤秋男，1948）とし、「実業教育」導入に向かっていた。

この場合「近代教育」は、国家が主導し、国家にとって有用な国民を形成することを目的とする教育を指す。（山本正身，2009）

このあり方は、言い方を変えれば、各個人の生の目的が、国家の目的によって規定されているともいえる。そのため、教育は政治や経済の要請に影響され、他律的に操作される弊害を持っていることになる。その、最も強く作用した近代教育の事例が、先にも述べた植民地教育であり、新学制を施行した満州の教育ではないかと考える。国家が国家にとって有用な国民の形成を目的として、更に新たな国民の成員となる現地人教育で、どのような働きかけを行ったのか。また、その働きかけの一つとして、初等教育の中で新教科として登場した「作業科」が、どう位置づいていたのかを分析する価値は、近代教育の問題性を冷静に吟味して把握する要素の一つになりうると考えた。

植民地の特に満州における教育の特徴を整理することは、「近代教育」の特徴が発揮された典型的事例の分析の一つとなると考えた。

3. 研究の目的と方法

満州国学制発布前後の現地人に対する初等教育における教師たちの研究実践を見ることで、新学制において登場した「作業科」が、それまでの手工の内容からどのように変化し、現地の環境に合った独自の発展や特徴があったのかを明らかにする。

(1) 研究対象

満鉄教育研究会所属、初等教育研究会研究内「作業科研究委員会」による、公学校における「作業科」及びその中の種目「手工」の研究実践

(2) 分析方法

「作業科研究委員会」の行った研究内容や、授業実践内容、問題点に対する検討内容を具体的に追い、満洲独自の特徴があるかどうかを分析する。分析方法としては、満州国学制施行前の選択制で行われていた図画・手工の実態とは違う、学制施行にむけて、実験的に作業科に細目移行した手工の具体的内容の実態を明らかにすることで、満洲国の初等教育に独自性があるかどうかを分析する。

4. 関東州と満鉄沿線付属地における文部省及び関東庁の関与について

研究対象である公学校についてその概要と当時の教育行政について述べる。

(1) 関東庁と満鉄による学校の整備

前述したとおり、日露戦争終了後の1905年には、関東州と満鉄沿線付属地に居住する日本人子弟及び現地人子弟のための教育は、関東庁が管轄していた。関東州では、1906年の「関東州公学堂規則」制定によって、現地の生活上急務であった言語教育、特に現地人子弟への日本語教育が始まった。

満鉄沿線付属地では、1907年「南満州鉄道付属地小学校規則」制定により、関東庁の管理下、満鉄沿線付属地における日本人子弟に対する小学校教育が行われていった。それまで満鉄沿線付属地には既存の小学校が、遼陽・千金寨の2校存在し各居留地民会が開設した瓦房店・大石橋の2小学校も満鉄が運営することとなった。

1909年「満鉄付属地公学堂規則」が制定され、満鉄は、中華民国の教育制度に準じながら、3年間の現地人子弟に対する教育を公学堂で始めた。1912年～1922年の壬子癸丑学制のもとでは入学年齢は7歳からであった。1922年壬戌学制以降は初級4年間、高級2年間となった。

1932年満州国建国後、関東庁は関東州庁と改組され、在満州日本大使館内関東局の管理下となった。しかし、なお関東州と満鉄沿線付属地は関東州庁下におかれた。（外務省条約

局法規課，１９６６）

１９３１年４月の関東州庁による「公学校規則改正」において公学堂は、公学校と名称を変えた。

１９３４年の関東州庁による「教科課程改正」において、公学校に「作業科」の履修を義務付けた。

１９３７年５月２日に公布された「学制要綱及び学校令」満洲国の学校教育制度が整備され、同年10月10日に「学校規程」が公布（民生部教育司，１９３７）され、各学校の教育課程が示された。満鉄沿線付属地のすべての学校は、満州国の管轄下に移された。（『満洲国』教育史研究会編「解説 第1巻 教育行政・政策Ⅰ」『「満州・満洲国」教育資料編成Ⅰ』エムティ出版，１９９３）

(2) 公学校の展開

１９２７年当時、現地人子弟のための初等教育として、普通学堂、公学堂、中等教育機関として中学堂、実業学校、師範学堂があった。（山本一生，２００６）

普通学堂は、関東州の農村地域にあり、書房（私塾）や、小学堂、蒙学堂を、関東庁の管理下に改組したもの（関東局，１９７４）で、１９１５年関東庁「普通学堂規則」には４年制とある。公学堂は関東州・満鉄沿線付属地双方にあり、前述した通り、１９３１年４月の満鉄民生部による「公学校規則改正」において公学堂は、公学校と名称を変えた。１９３４年の満鉄民生部による「教科課程改正」において、公学校に「作業科」の履修を義務付けたという。（野村，１９９３）

日本人が通う小学校は尋常科6年間、高等科2年間であり、教員は日本人であったのに対し、公学校は初級科4年間、高級科2年間、普通学堂は4年間で、教員は日本人と現地人であった。（嶋田，１９３７）

満州国建国以前から租借地関東州と満鉄道沿線付属地の狭い地域で着実に公学堂は増加し、１９３１年当時は租借地関東州と満鉄道沿線付属地の公学校で初等教育を受けていた児童は、１３、５３４人。その約60倍の学生が満洲国にはいた。満鉄沿線付属地の公学校の児童数は、関東州の半数程度であり、若干の日本人を含む満洲国の児童数の１／168程度であった。[5]

(3) 中華民国の教育の影響

この頃、公学校をめぐる学制の変遷は、その政治体制の変化に伴い、変化が著しい。中華民国の学制は、1922年「学校系統改革令」によって、1912年から「普通教育暫定法」下行われていた日本式から、米国式学制「壬子癸丑学制」が導入された。初等教育は、初級4年高級2年の6年体制となった。1927年4月12日のクーデターにより、蒋介石国民党政府が実権を握った後、1929年「中華民国教育宗旨及其実施方針」を公布した。その教育宗旨で、「中華民国ノ教育ハ三民主義ニ依拠」することを明言し、実施方針の第一に「三民主義ノ教授ハ生産労働ノ実習ヲ以テ民主主義実行ノ基礎ヲ培養」すると述べられている。こうして、「三民主義教育」が推進されていった。この時代の三民主義は、民族主義・民権主義・民生主義に基づき、平均地権と節制資本を主張する後期三民主義に該当する。中国東北部においても、東北軍事司令官であった張学良は、初等教育を「教育の基本」と考え、「三民主義教育」を独自に推進していったという。その後の満州国においては、名称を国民学校・国民優級学校と変えて、初等教育は6年制のままであった。高野仁は、「『満州国の教育』に関する一考察―実業教育重視と民国教育の関わりを中心に―」の中で、次のように中華民国において、実業教育推進採用の契機を述べている。

「当時中国は、列強の相次ぐ侵略により半植民地と化し、工業製品のみならず主要な農作物までも輸入に頼らざるを得ない状況となっていた。全国実業学校長会議（1917年）の席上袁次長は……（中略）……その苦境を嘆き、ここから脱却するには「（産業の基盤となる）人材の育成、即ち教育に頼るしかない」（多賀秋五郎，1972）と実業教育の必要性を強く訴えた。

また、蔡元培も「教育方針に対する意見」（1921年2月）の中で、

『現在の世界が競争において頼みとする所は、武力のみならず、財力である。我国の資源はまだ開発されておらず、実業界に組織も未熟であり、人民の失業者も多く、甚だ貧しい。実利主義の教育は固より現在の急務となっている。（多賀秋五郎，1972）』と述べ、実業教育によって中国を列強による植民地化の危機から救うことを唱えていた。」（高野，2012）

北京大学長蔡元培がデューイを招き、プラグマティズム教育学を広め、それまでの経済不振等を教育によって打破しようとする「教育救国」主義者にも歓迎されスムーズに受け入れられていったという。2年間、中国各地でデューイの講演・普及活動は行われたそうである。それは、「少数の特権階級の為の教育でなく、民衆のための教育であり、学校の課程が社会生

活での実践に有機的に結びつくもの」（高野，２０１２）であったとする。その影響を受けた蔡元培、黄炎培による職業教育運動が興り、民国政府の新学制における中等教育に影響を与えたとされる。具体的には、6年制の職業学校の導入などがある。

満鉄による教育の関与がない中国東北部において、選択教科としての実務科は初等教育で行われており、１９２４年高級小学堂では、全授業時間数の４%が「園芸」、更に、工用美術を加えて11%が、実務教育であったという（嶋田，１９３５）。しかし、実際に全土にその教育政策が普及していたとは言い切れない。瓦房店公学校長は、手工科公開授業研究発表会の挨拶の中で、自分が着任するまでは、手工科が課されていなかったことを語っている。

5．公学校「作業科」の教授内容と配当時間の第1次案

『満鉄教育たより』に掲載されていたのは主に教授内容や配当時間の検討であった。その内容を時系列でたどっていく。

(1) 「作業科」の登場

１９２０年代は、公学校において初級1年から4年まで「手工科」は、選択教科として存在した。その後、１９３４年関東州庁民生部教育司による「教科課程改正」において、「作業科」の履修を義務付けた。

『満鉄教育たより』創刊号（１９３４年9月）の中の、初等教育研究会第二部：現地人教育において、主任幹事あいさつの中で、一段と努力を要すべき内容として、初等教育における制度研究、郷土科、歴史、理科、家事、作業科、実業科を挙げていたとある。特に「作業科」は、「手工」と「園芸」の時間配分において、1ヶ年を通して「手工」を冬季に課することや、従来の「手工」に「園芸」を課することで内容を研究しなおす必要があること、尋常小学校高等科に相当する公学校の高級科の「手工」を、その内容も吟味すると述べられた。

同号の中に、9月に行われた第二部作業科研究委員会報告が掲載されている。それまでは、高級科において商業を課する学校、農業を課する学校、工業を課する学校それぞれ選択しており、「手工」を課していない学校もあったが、一律「作業科」を導入することで、「手工」を高級科に課することとなったという特徴がある。

これは、１９３４年の公学校「教科課程改正」を受けての具体的な内容研究の始まりと考えられる。

以下のように「作業科」が公学校において実施されることとなったとしている。

表1[6]、表2（満鉄教育研究所，１９３４）から、初級１・２年は年間全40時間、園芸と手工各20時間が季節を考慮して配置されている。手工は、初級１年は紙細工を10時間、初級２年は高粱細工を10時間配置し、主要教材としていることがわかる。また、初級３・４年は年間80時間と他の学年の２倍の時間数を配置している。

園芸と手工各40時間が季節を考慮して配置されており、手工は紙細工を15時間、粘土細工を20時間配置し、主要教材としている。高級１・２年は年間全40時間。園芸は、4月から10月まで10時間と3月に1時間を配置し、それ以外の11月～2

表1.「作業科」時間配当

学年	種別＼月	4	5	6	7	8	9	10	11	12	1	2	3	計	総計
初一	園	0	3	2	2	2	2	3	1	1	0	0	4	20	40
	手	0	1	2	0	0	2	1	3	3	3	2	3	20	
初二	園	〃	〃	〃	〃	〃	〃	〃	〃	〃	〃	〃	同上	20	40
	手	〃	〃	〃	〃	〃	〃	〃	〃	〃	〃	〃	同上	20	
初三	園	7	6	5	4	4	4	6	1	1	0	0	2	40	80
	手	1	2	3	0	0	4	2	7	7	6	4	4	40	
初四	園	〃	〃	〃	〃	〃	〃	〃	〃	〃	〃	〃	同上	40	80
	手	〃	〃	〃	〃	〃	〃	〃	〃	〃	〃	〃	同上	40	
高一	園	4	4	4	2	2	2	1	0	0	0	0	1	20	40
	手	0	0	0	0	0	2	3	4	4	3	2	2	20	
高二	園	〃	〃	〃	〃	〃	〃	〃	〃	〃	〃	〃	同上	20	40
	手	〃	〃	〃	〃	〃	〃	〃	〃	〃	〃	〃	同上	20	

表2.「手工」の配当時数

種別＼学年	木工	版画	染色	粘土細工	高粱細工	紙細工	計
初一	—	—	—	5	5	▲10	20
初二	—	—	—	5	▲10	5	20
初三	—	5	5	▲20	—	10	40
初四	5	5	5	10	—	▲15	40
高一	▲10	5	—	5	—	—	20
高二	▲10	5	—	5	—	—	20
計	25	20	10	50	15	40	160

備考　▲印はその学年の主要

月は0時間としている。手工は9月から3月までの7ヶ月に木工を主要教材として配置していることがわかる。

作業科研究委員会では、「手工」について、製作品の材料や用途について、模索と創作からみた教材配当の標準について、工作方法の指導法についてなど、当時関東庁の小田視学官から指導があったと報告されている。その後の討議の報告もされていて、共同制作についてや「作業科」の内容項目についての検討、「新しく設けられた『作業科』の中に含まれる『手工』と1933年に研究した工芸教育の種目の授業時数との関係はどのようにしたらいいのか。」「工業科を特設する公学校高級科において、どんな手工教材が適当なのか。」「作業科と手工科は別に設置することはできないか。」といった意見が交換されていた（討議内意見，1934）。

公学校に一律「作業科」を導入し、「手工」を高級科に課することとなったという改正は、まだ現場に普及していない状態であったとわかる。この研究会で内容を知らせ、指導研修を行なっていったようである。

(2) 公学校「作業科」における「手工」の実態

① 『満鉄教育たより』第5号（1935年1月）の記事において

公開授業研究発表会（1934年11月）を瓦房店公学校にて行ったことについて報告されている。そこには、日本人小学校並びに公学校、復縣教育長、教育研究所八木所長・鈴木定次も参加した。計30数名が参加していた。

瓦房店公学校長のあいさつには、公学校では労作教育に重きを置かれているにもかかわらず、日本語教育に重大任務を帯びていたため、長い間「手工科」の発表がされてこなかったこと。満州国の方針で実業教育に特に重点が置かれるようになって、1934年教科課程改正により公学校に「作業科」が加えられることになったことが話されたとある。要するに、公学校において、高級科で「手工」が教えられていない所もあったが、1934年教育課程改正によって「作業科」が導入されたことにより、高級科の「手工」も実際にスタートしたと述べられていたのである。

同校における公開授業では、表3（満鉄教育研究所，1935）のような内容で、教えられており、高級科では、「柳篠細工」を取り上げられていた。

表3．公開授業内容

初一	高粱細工	初四	芋版画
初二	松笠細工	高一	柳篠細工
初三	粘土細工	高二	柳篠細工

林檎籠製作・粘土採取と焼成についての授業について話し合われた。林檎籠製作・粘土採取と焼成、芋版画、松笠細工等、これらの教材の開発されており地域の素地や生活を加味した教材の開発がなされていたことがわかる。

また、粘土採取と焼成や芋版画は、鈴木定次が作成した手工細目に登場しており、鈴木の案が取り入れられたことがわかる。（齊藤，2022）

②『満鉄教育たより』第13号（1935年9月）の記事において

手工研究会が同年6月奉天普通学校[7]において行われたことが報告されている。日本人である普通学校校長及び現地人である普通学校教員が11名集まり行われている。

そこでは、1年から3年までの「手工」の教育課程案が、表4（満鉄教育研究所，1935）のように提案された。

教授時数としては、毎週1時間「手工」を行うことを決めていた。第1学期14週、第2学期16週、第3学期10週、計40週40時間であることが明記されている。

また教授細目の様式は別紙を配布し、教授細目原案作成については、折紙細工は鐵嶺普通学校、切抜細工は撫順普通学校、厚紙細工は四平街普通学校、組紙細工は安東普通学校、黍殻細工は新京普通学校、粘土細工は奉天普通学校、造花細工は哈爾濱普通学校、芋版細工は開原普通学校として、各学校に分担して、作成分担を決めていた。そして、各分担を10月に集め奉天普通学校がとりまとめ12月の研究会で修正し印刷配布するとしていた。

表4. 各学年に配当の種目並びにその時数

種目＼学年	造花細工	芋版細工（補充教材）	黍殻細工（補充教材）	粘土細工	組紙細工	厚紙細工	切抜細工	折紙細工	計
一		9	8	16			10	6	40
二		8		14		6	12		40
三	女 (4)	6	6	8	8	12	6		40 (4)
計	女 (4)	22	22	38	8	18	28	6	120 (4)

表4から、手工の内容が、発達段階と習得技能を加味して低学年で「細工」を配置し「手工」の授業が行われていることがわかる。1年では、「粘土

細工」を16時間、「切抜細工」を10時間配している。また、「折紙細工」は1年だけに配当されている。そこでは、はさみの使い方を覚え、手指の操作性を高める「細工」をしている。2年では、1年と同じように「粘土細工」と「切抜細工」に多くの時間を使う。また、この学年から「厚紙細工」が始まる。3年では、「厚紙細工」を最も多く12時間行い、この学年から「組紙細工」を始めている。

③『満鉄教育たより』第14号（1935年10月）の記事において

満鉄初等教育研究会総会を8月開き、1926名が集まり、各研究会を各所で行ったことが記されている。そのうち、作業科実地授業研究会は、同日撫順公学校で行われている。満鉄教育研究所からは鈴木定次が出席している。その他、奉天師範学校長、日本人である公学校長3名、日本人と現地人からなる公学校教員、南満中学堂教員、満鉄沿線地域の小学校教員、満州国小学校中学校教員、地方教員55名、鐵路総局附業課職員等計92名参加した。概況　表（満鉄教育研究所，１９３５）のように実地授業を参観し、協議を行ったとある。

校長あいさつで、漢民族は元来審美的民族であり、公学校における作業実施は最適切であるという考えを述べている。芸術的、審美的、情操的陶冶により策謀、闘争からから救われた真の満州国建設のための教育は必要であるとし、真の経済生活は手工的、工芸的に進歩することが必要であり、「作業科」はこの点からも重大であると述べたと記されている。この時は9カ月前の授業研究会の時より、実践的な教科の内容の討議が行われている。

教諭発表1では、夏季にも手工を課しているので、園芸を課外又は当番制で実施して、冬季作業には机上でできる学習作業を行うように加味している。「木工」は水曜を除き毎日3時間実施しているといった、撫順公学校の「作業科」の概況を説明した。

教諭発表2では、「なぜ「手工」を「作業科」内に一括して公学校新教科課程が特設されたか。作業科教育の真諦。作業科教育に対する吾々の態度」(研究会教諭発表2，1935)など、「作業科」の中に「手工」を位置付けたことについて説明されていた。しかし、その具体的資料は掲載されていない。

校長挨拶や教諭発表2の内容の発言から、日本人子弟を対象とした小学校には存在しない「作業科」に対する説明、「手工」を「作業科」内に一括して行う特徴の説明がなされ、公学校新教科課程として特設されたことがわかった。

教諭発表3では、農園作業は初級3年から高級2年まで、同一種類の作物を共に栽培させているのはいいのかということ、授業で作った作品である生活品の処理など、「作業科」を実際に実施した際の、諸問題の改善について述べている。

教諭発表4では、公学校「作業科」の「木工」は、小学校の「工業科」と異なる点も述べたことは記されている。しかし、詳しい内容は記されていない。「木工」の内容は、この時は明らかにされていないので、どこが異なるのかは具体的にはわからないが、従来の系統的な「細工」の課程での「木工」による「手工」が、公学校「作業科」では行われたことは、授業内容と細目からわかる。

批評として、実地授業の講評が述べられている。具体的には、「平生やっている自分の仕事が反省されて且それによって指導されるもので有意である。本校のように充実したものは有益だ。」（教育研究所鈴木定次，1935）「手工は真剣で創作的に行われていて、園芸も徹底していて成功だ。」（奉天師範学校長生田，1935）「作業が徹底している。校長職員が児童と共に働く熱意の賜物。」（撫中学校渡邉，1935）「農園のみでなく作業科全般にわたり授業がされていて、やればできるんだと思った。」（参加者，1935）などの意見があったという。

奉天公学校からの意見として、今後作業教育は、その民族的特性や、土地の状況、教材の種類において、生産と目的労作とをいかに結合させるかについて、作業科研究委員で研究を進めていくとした。更に詳しく1年間の実際予定案や、冬季の作業科の実際について、作品の処理と成績採点法についても、合わせて研究していくと話し合われた。

ここで述べられた「作業教育は、生産と目的労作といかに結合させるか」という文言から、ケルシェンシュタイナー（１８５４－１９３２）の労作教育論や、デューイ（１８５９－１９５２）のプラグマティズムの概念を汲むものであると考えられる。当時、満鉄教育研究所で、鈴木定次は、ケルシェンシュタイナー労作教育論について紹介していた。（齊藤，２０２２）

ケルシェンシュタイナーの「生産的労作とその教育的価値」という論文の中にみられる「経験知」"Erfahrungswissen"と「生産的能力」"produktives Konnen"はこどもに判断力を養い発達を促進する生きて働く知識や能力であり、「書物学校」"Buchschule"や「学習学校」"Lernschule"では習得されず、「労作学校」"Arbeitsschule"における生産的精神的労作を通してのみ得られるとした。（鈴木，１９３３）

注目すべき点は、8月の作業科実地授業研究会において、「作業科」が公学校新教科課程として導入され、以前の「手工科」を「作業科」内に一括して行う特徴の説明がなされ、どのように進めていくかの具体例が示されたという点である。

表5．実地授業概況

手工	初四	馬鈴薯利用による版画染色
	初三	粘土細工による人物の自由表現
	初二	松笠細工による人物の自由表現
	初一	高粱細工による自然物、動物の自由表現
木工	高二	組立式書架工作
	高一	花台（高脚植木鉢台）工作
園芸	高二	蔬菜の手入、菊の手入
		溝掘作業
		温床の整理、蔬菜の手入
	高一	溝掘作業
		鶏舎の整理、花園の手入
	初四	蔬菜の手入

また、表5．実地授業概況から、高級科で「木工」の授業が初めて公開されていることがわかる。その内容も、高級1年で組立式書架工作、高級2年では、高脚植木鉢台という花台を製作する工作が行われていることから、ある程度の木工技術を求めていることがわかる。その題材からも日本人向けの高等小学校の選択科目内で行われた木工と同等レベルを求めるものであったと考えられる。

④ 作業科研究委員会1935年9月16日　奉天公学校において

ここでは、主に「作業科」の教授細目についての研究報告が行われている。特に内容報告として、次の3点を付記している。これは実際に「作業科」を実施するにあたり、具体的な問題を解決していく取り組みである。

1つ目は、現状への対策である。1934年に「作業科」として「手工」、「園芸」、「作業」を正課にすることとなったが、沿線各学校には実習地の少ない所もあって、教授細目を一律にというわけにはいかない。当委員会では、まず「作業科」が何を目標としているかを明らかにし、各学校に参考となる細目を作成するという研究方法をとるということにしている。

2つ目は、参考図集の編纂も、手工教授での物品製作において創作指導のヒントとなるよう計画し研究を進めるという方針である。

3つ目は、園芸作業教授科目中に、一般奉仕作業の時間が配当されていなかったので、今後は初級1・2年と高級1・2年に約3時間、初級3・4年には約5時間を加えることにしたことや、染色の細目も、学年によっては紙細工に変えるようにすることが付記されていた。

そして、1つ目の研究内容の担当者から表6（満鉄教育研究所，1935）作業科各学年の種目別時間配当を提案した。この表から、「手工」と「園芸」の時間配当を具体的に示して、時間の比重を「手工を主とするもの」「園芸を主とするもの」「手工と園芸を主とするもの」とで変えて、各公学校の立地条件から選択できるようにしていることがわかる。この

表6. 作業科の各学年の教授細目時間配当

学年	初1			初2			初3			初4			高1			高2		
種目別	手工	園芸作業	計	手工	園芸作業	計	手工	園芸作業	計	手工	園芸作業	計	手工	園芸作業	計	手工	園芸作業	計
手工を主とするもの	25	15	40	25	15	40	50	30	80	50	30	80	25	15	40	25	15	40
園芸を主とするもの	15	25	40	15	25	40	30	50	80	30	35	80	15	25	40	15	25	40
手工と園芸を併行するもの	20	20	40	20	20	40	40	40	80	40	40	80	20	20	40	20	20	40

ことで、実習地の少ない学校でも作業科の実施ができるように準備し、1つ目の現状対策に迅速に対応しようとしたことがわかった。

⑤『満鉄教育たより』第26号（1936年10月）の記事において

満鉄初等教育研究会作業科研究委員会が、1936年8月瓦房店公学校で行なわれ、前年から協議を重ねてより組織化された作業科教授細目、作業科時間配当案が提示された。満鉄沿線付属地は、鉄道を中心として幅62mの鉄道用地と駅周辺市街地、鉱山であったので、そこに立地する各学校には実習地の少ない所もあったという問題に対応して、3つの類型を設定した。これに応じて「表7．a手工を主とするもの」「表8．b園芸作業を主とするもの」「表9．c手工園芸作業併行のものるもの」と3種類の中から学校が選べるようにした（満鉄教育研究所，1936）。

次に新しく「作業」が明記されたことにも言及している。「作業」は「作業科」中の1つの教授細目で、表中では種別と表されているものである。以前の奉仕作業の内容が教育課程に取り入れられたものである。草刈り、花壇や校舎の塗装補修などが含まれていたが、それ以外の内容も考えられる。しかし、詳細は載っていない。作業科研究委員会では、「作業」の目標を明らかに

表7. a 手工を主とするもの

初級第1・2学年配当時数

月別＼種別	作業	園芸	手工	計
4月		2	2	4
5月		2	2	4
6月		2	2	4
7月		1	1	2
8月		1	1	2
9月		1	3	4
10月		1	3	4
11月	1		3	4
12月	1		3	4
1月	1		2	3
2月	1		1	2
3月	1		2	3
計	5	10	25	40

※作業5時間中2時間を奉仕作業とする

初級第3・4学年配当時数

月別＼種別	作業	園芸	手工	計
4月	1	4	3	8
5月	1	4	3	8
6月	1	4	3	8
7月		2	2	4
8月	1	1	2	4
9月	1	3	4	8
10月	1	1	6	8
11月	1		7	8
12月	1		7	8
1月	1		5	6
2月	1		3	4
3月		1	5	6
計	10	20	50	80

※作業10時間中4時間を奉仕作業とする

高級第1・2学年配当時数

月別＼種別	作業	園芸	手工	計
4月		2	2	4
5月		2	2	4
6月		2	2	4
7月		1	1	2
8月		1	1	2
9月		1	3	4
10月		1	3	4
11月	1		3	4
12月	1		3	4
1月	1		2	3
2月	1		1	2
3月	1		2	3
計	5	10	25	40

※作業5時間中2時間を奉仕作業とする

表8. b 園芸作業を主とするもの

初級第1・2学年配当時数

月別＼種別	手工	作業	園芸	計
4月	1	1	2	4
5月	1		3	4
6月	1	1	2	4
7月			2	2
8月		1	1	2
9月	1	1	2	4
10月	1	1	2	4
11月	2	1	1	4
12月	3	1		4
1月	2	1		3
2月	1	1		2
3月	2	1		3
計	15	10	15	40

※作業10時間中4時間を奉仕作業とする

初級第3・4学年配当時数

月別＼種別	手工	作業	園芸	計
4月	1	1	6	8
5月	1	1	6	8
6月	2	1	5	8
7月	1	1	2	4
8月	1	1	2	4
9月	2	1	5	8
10月	2	1	5	8
11月	4	1	3	8
12月	6	2		8
1月	4	2		6
2月	2	2		4
3月	4	1	1	6
計	30	15	35	80

※作業15間中5時間を奉仕作業とする

高級第1・2学年配当時数

月別＼種別	手工	作業	園芸	計
4月	1	1	2	4
5月	1		3	4
6月	1	1	2	4
7月		1	1	2
8月		1	1	2
9月	1	1	2	4
10月	1	1	2	4
11月	2	1	1	4
12月	3	1		4
1月	2	1		3
2月	1	1		2
3月	2		1	3
計	15	10	15	40

※作業10時間中4時間を奉仕作業とする

表9. c 手工園芸作業併行のもの

初級第１・２学年配当時数

種別／月別	作業	園芸	手工	計
4月		3	1	4
5月		3	1	4
6月		3	1	4
7月		1	1	2
8月		1	1	2
9月		2	2	4
10月		2	2	4
11月	1		3	4
12月	1		3	4
1月	1		2	3
2月	1		1	2
3月	1		2	3
計	5	15	20	40

※作業５時間中２時間を奉仕作業とする

初級第３・４学年配当時数

種別／月別	作業	園芸	手工	計
4月	1	5	2	8
5月	1	5	2	8
6月	1	5	2	8
7月	1	1	2	4
8月	1	1	2	4
9月	1	4	3	8
10月	1	4	4	8
11月	2		6	8
12月	2		6	8
1月	1		4	6
2月	1		3	4
3月	1	1	4	6
計	15	25	40	80

※作業15間中５時間を奉仕作業とする

高級第１・２学年配当時数

種別／月別	作業	園芸	手工	計
4月		3	1	4
5月		3	1	4
6月		3	1	4
7月		1	1	2
8月		1	1	2
9月		2	2	4
10月	1	1	2	4
11月	1		3	4
12月	1		3	4
1月	1		2	3
2月	1		1	2
3月		1	2	3
計	5	15	20	40

※作業５時間中２時間を奉仕作業とする

し、各学校に参考となる具体案の作成をめざしていくとしている。続いて、手工教授細目の時間配当を次のように示している。

表10（満鉄教育研究所，1936）から、題材としてはチギリ紙を初級1年に、配置している。厚紙細工についても初級3年には厚手洋紙・薄手ボール紙を配置し、初級4年には薄手ボール紙・一般ボール紙パルプを使うようにして、易しい教材から難しい教材を配慮して配置していることがわかる。これは、日本人向けに行われていた。「手工科」の「紙細工」の教材の工夫に類似しているが、独自の種別や配当時間であることもわかる。

表11・12（満鉄教育研究所，1936）からは、配当時間に違いはあるものの、どの細目

も同じ学年に学習できるように配置してあり、各学年の主要教材は同じになっていることがわかる。また、染色と代わり版画という教材が配置され、それまでの研究会での「馬鈴薯利用による版画染色」という表現ではなくなっている。

表10. 紙細工種目別時間配当

	種別／学年	パルプ	一般ボール紙	薄手ボール紙	厚手洋紙	切抜	チギリ紙	折紙	計
a 手工を主とするもの	初一					3	5	2	10
	初二					5			5
	初三			5	5	5			15
	初四	5	10	5					20
	計	5	10	10	5	13	5	2	50
b 園芸作業を主とするもの	初一						3	2	5
	初二					5			5
	初三			5	3	2			10
	初四	3	10	2					15
	計	3	10	7	3	7	3	2	35

表11. a 手工を主とするもの（c 手工と園芸作業を並行するものはこれに同じ）

種別／学年	木工	版画	粘土	高粱	紙細工	計
初一			7	8	◎ 10	25
初二			8	◎ 12	5	25
初三		10	◎ 25		15	50
初四	5	10	15		◎ 20	50
高一	◎ 25	5	5			25
高二	◎ 25	5	5			25
計	35	30	65	20	50	200

表12. b 園芸作業を主とするもの

種別／学年	木工	版画	粘土	高粱	紙細工	計
初一			5	5	◎ 5	15
初二			5	◎ 5	5	15
初三		5	◎ 15		10	30
初四		5	10		◎ 15	30
高一	◎ 10		5			25
高二	◎ 10		5			25
計	20	10	45	10	35	120

6. 公学校「作業科」の特徴

満鉄沿線地域に立地する公学校において、「作業科」を定着させるために大きく2つの課題があり、その対策が講じられることによって、実施されていったといえる。1つ目は、満鉄沿線地域は、大変狭い土地の中に学校があり、学校農園用地を存分に配せない学校も多かった。そのため、「作業科」の確実な実施のために、「a 手工を主とするもの」「b 園芸作業を主とするもの」「c 手工園芸作業併行のもの」と、それぞれの学校が基準となる時間配当を選べるようにし、各学校で、園芸・手工・作業・奉仕作業を実施できるように提案している。また、「手工」の学習内容では、初級1・2・3・4年では紙細工を中心に、高級1・2年で木工を配していたのである。これは、「作業科」の実施に向けて、作業科研究委員会が中心となって、各校の問題点を調査し対応を重ね、改善されていった結果である。そしてこれが満州公学校における「作業科」の最も特徴的な点である。

2つ目は、1934年の教科課程改正により、公学校に「作業科」が導入されることになった当時、「手工科」が行われていない公学校もあった中で、3年間の特別予算を満鉄から受けて、初級4年間 高級2年間という学年構成の中に、新に「作業科」としてその中に「園芸」や

「手工」を位置付けたことである。日本内地で、以後初等教育においで「図画工作」という教科に展開する姿とは異なる進展があったことは、初等教育における「手工」の大きな相違である。

先行研究（高野仁，2012）では、中華民国行政下、初等学校で園芸と工用美術を行った事までは明らかになっていたが、具体的に、関東州と満鉄沿線付属地の公学校では「作業科」が新設され、その中に日本の「手工科」の「紙細工」や「木工」が取り入れられて実際に実施されたことは、今回明らかになったことである。

そして、「作業科」は、1937年に制定された表13（満洲帝国民政部教育司，1940）満州国初等教育の教育課程に概ね採用されることとなり、初等教育において必修となったのである。

表 13. 満州国初等教育　教育課程

			国民学校				国民優級学校	
学科目			1学年	2学年	3学年	4学年	1学年	2学年
国民科	国民道徳	日語ニ依ルモノ	6	6	7	8	8	8
		満語又ハ蒙古語ニ依ルモノ	7	8	8	9	8	8
算術			6	6	6	6	6	6
作業（優級学校は実務）			1	2	3	3	6	6
図画			1	1	1	1	2	2
体育			3	3	3	3	2	2
音楽							1	1
計			24	26	28	30	33	33

7. 考察

本稿では、1934年から1936年までの『満鉄教育たより』に掲載された初等教育研究会の作業科研究委員会における協議内容をたどることで、公学校の教育課程に「作業科」が導入されていく過程を明らかにしてきた。

関東州庁による1934年の「教科課程改正」により、公学校に「作業科」の履修が義務化された。それに伴い、満鉄から3年間の特別予算を受けて、初等教育において作業科を導入していく取り組みが行われてきたことがわかった。それが、満鉄教育研究会内の初等教育研究会所属、作業科研究委員会の取り組みであった。

1934年7月に初等教育研究会の主任幹事から、作業科研究委員会に対して、「作業科」内の、「手工」と「園芸」の時間配分について季節を加味して検討すること、それまでは選択であった「園芸」の教育内容の研究、尋常小学校高等科に相当する公学校の高級科の「手工」の教材を研究するといった研究課題が通達された。そこから、初等教育の普通教育の中に「図画・手工」と位置づいていた「手工」の未定着から「作業科」導入によって「作業科」の中の「手工」が、具体的に導入期、細目検討期、確立期と進行してきた足跡を追うことができた。

1934年9月に作業科研究委員会が開かれ、関東庁小田視学官から指導があり、そこでは「手工」の製作品の材料・用途、教材配当の標準について、工作方法の指導法についてや、より初等教育に適した「作業科」における「手工」の教材について検討したことが明らかになった。しかし、討議の記録からは、それまでの「工芸教育種目」の「手工」と「作業科」の「手工」の時数や内容への混乱がみられ、「作業科」と「手工科」の別の設置を求める意見も出ていた。作業科の基礎としての「手工」はこの後に定着していったと考えてよいだろう。

1934年11月に瓦房店公学校において手工科公開授業研究発表会が行われ、全学年で授業公開があった。学校長のあいさつからも、それ以前に「手工」が教えられていない公学校があり、「作業科」の導入によって、「手工」を教え始めた公学校もあったことがわかった。また、高級科の公開授業では、「柳篠細工」が行われており、高級科にすぐ「木工」を課すことは難しかったことも窺えた。研究討議では、林檎籠製作・粘土採取と焼成、芋版画、松笠細工等「手工」の教材開発の報告も行われ、地域の素材や生活を加味した研究が行われていたことがわかった。

1935年6月に関東州現地人子弟のための学校である奉天普通学校において手工研究会が行われ初級1年から3年までの「手工」の教育細目が検討された。各学年の様々な「細工」

の教授内容も継続して会員で分担して作成し、「手工」を普通学校で積極的に導入していこうとする動きが見られた。

１９３５年8月に初等教育研究総会が開催され、撫順公学校で作業科実地授業研究会が開かれ、実地授業参観と協議が行われた。「作業科」の実際の実践を見せることで、各校で導入できるよう啓発したのである。

実地授業参観後の協議の中で撫順公学校から、「作業科」に「手工」を取り込んで位置付け教授する提案が明確にされた。「農園作業」は初級3年から高級2年まで連続して同一の作物を栽培させていること、作品の処理など、「作業科」を実際に実施した際の問題の改善策について提案されていた。そして、高級科の実地授業で「木工」の授業が初めて公開されていた。その内容も、高級1年で組立式書架工作、高級2年では、高脚植木鉢台という花台を製作する工作が行われていることから、日本人向けの高等小学校の選択「手工」と同等レベルの「手工」を目指していたことがわかった。

１９３５年9月に奉天公学校で作業科研究委員会が行われ、更に沿線各学校には実習地の少ない所にも対応する教授細目を作成することや、手工教授での物品製作において創作指導の参考図集の編纂、奉仕作業時間の配当、染色の細目の取り扱いについてさらに研究を進めていくことが提案された。

1936年8月に瓦房店公学校において開催された、作業科研究委員会では、協議作成した作業科教授細目・作業科時間配当が、具体的に示された。満鉄沿線付属地に立地する実習地の少ない公学校にも、配当時間を選択してできるように、以下のような3種類の案が出された。「a 手工を主とするもの」「b 園芸作業を主とするもの」「c 手工園芸作業併行のもの」と3種類の中から学校が選べるようにした。位置付いていなかった奉仕作業は、「作業科」中に「作業」として位置付けられた。また、「手工」に染色に代えて版画という細目が入れられた。さらに、低学年では主として紙細工に行い、その「紙細工」については、扱い易い素材から徐々に難しい素材にする等検討されていた。これは、日本人子弟向けに行われていた「手工」の細目の内容と類似していた。

(1) 今回明らかになった分析結果

先行研究では、満州国学制発布前に、中華民国行政下、初等学校で園芸と工用美術を行ったことまでは明らかになっていなかったが、実際には行われていた学校は少なかったと、今回の分析から明らかになった。関東州と満鉄沿線付属地の公学校では「作業科」が新設され、どの学校でも「作業科」やその中の「手工」が実施されていったといえるのである。また、その中に日本の「手工科」の「紙細工」や「木工」が取り入れられていたこともわかった。そして、その具体的内容も明らかになった。題材としてはチギリ紙を初級1年に、厚紙細工についても初級3年には厚手洋紙・薄手ボール紙、初級4年には薄手ボール紙・一般ボール紙パルプを使うように易しい教材から難しい教材を配慮していることがわかった。これは、日本の「手工科」の「紙細工」の教材の工夫に類似していた。

このように、関東州と満鉄沿線付属地の公学校において、1934年から1936年までの約3年間に、現場の教員たちが「作業科」教材の研究をすることによって、普通教育の中に導入される「作業科」を具体化する試みが進展した。また、様々な条件に対応した「作業科」の教育課程を選択できるようにしたことが明らかになった。1937年満鉄沿線付属地は満洲国に含まれ、教育行政は満洲国に移る。その時、「作業科」は国民学校・国民優級学校において必修教科となって位置付き、どの地域でも実施可能な準備をして導入がなされた。このことは今回の分析で明らかになった新しい内容である。

日本の初等教育では、図画・手工として、内容は紙細工や簡易な玩具等の制作は残り、高等小学校では選択的に高度な木工制作は残っていった。満州国学制下では、手工は図画からは離れて、作業科の細目で手工として、紙細工から系統的に技術を学び、木工制作に取り組む題材までを取り入れていた。また、粘土採取と焼成、芋版画等による印刷も作業科の手工の題材として位置づいていたという特徴もあった。この点は、満州における初等教育の現地適応主義的な独自な教科種目の開発の一つであるといえる。

(2) 本研究の新たな発見と提案

「作業科」が、満州国で実際に実施できるように、学制発布前に、日本人・現地人の双方の教員たちが、気候や立地面積を加味して、細目や時間配当の割合等を検討し、どこであっても実施できるように研究を重ねた導入過程の足跡を発見することができた。これは、満州地域独特の事柄であり、より現地適応型を求める教師集団の理想も学制発布の裏側にあったことを示すことができた。このように、単に言語教育やイデオロギー教育が一方的に教育改革され、施行されていったと予想された満州における植民地教育ではなかったことがわかった。現地でなかなか進まなかった近代化教育を、より「現地適応主義」に特化した新たな国民教育への理想が、教育体系作成の段階にはあったことがわかった。今後更なる事実の今日的分析が行われることを提案したい。

注

（1）朝鮮総督府の教育規程に準拠した普通学校等。
（2）勅令69号、1938年1月1日から施行。
（3）1937年10月10日、改正1928年6月民生部令第76号。
（4）日本語・漢語またはモンゴル語。
（5）関東州と満鉄沿線付属地の公学堂についての表（山本一生，2006）と、満州国の初等学校数と児童数（高野仁，2012）より計算した。
（6）初級では、11月12月に園芸中の各1時間を奉仕作業の指導にあて、高級では、時間外に行うと補足している。農園の世話においての水やり当番や飼育当番、除草などを指している。（『満鉄教育たより』，1934）
（7）関東州にある現地人子弟の学校で、4年制の初等学校である。

引用文献

外務省条約局法規課（1966）『昭和41年9月関東州租借地と南満州鉄道附属地　前編』「外地法制誌」第6部，2.
関東長官官房文書課（1927）『関東庁統計20年誌』，550.
関東局（1974）『関東局施政三十年史（上）』原書房，1936年，197.『満洲国』教育史研究会編（1993）「解説　第1巻　教育　行政・政策Ⅰ」『「満州・満洲国」教育資料編成Ⅰ』エムティ出版，7.
慶応義塾大学文学部教育学専攻山本研究会（代表山本正身）（2009）「『植民地教育史の研究―帝国日本の植民地教育政策に関する比較史的考察―』2008年山本ゼミ共同研究報告書」.
「満洲国」教育史研究会（1993）『「満州・満洲国」教育資料編成Ⅰ』エムティ出版，復刻版，1660．満洲地方部学務課『満鉄教育沿革史』1939年.

「満洲国」教育史研究会（1993）『「満洲・満洲国」教育資料集成』第17巻．エムティ出版．『関東都督府統計書』第1『関東庁統計書』第28．

満鉄教育研究所（1934）『満鉄教育たより』，エムティ出版．

満洲帝国民政部教育司（1940）『満洲帝国学事要覧』（宮脇弘幸（2017）「満洲の教育」宮城学院女子大学『人文社会科学論叢』No 26，18．）民生部教育司（1937）『學校令及學校規程』満洲圖書株式会社，11月．

宮脇弘幸（2017）「満洲の教育」宮城学院女子大学　『人文社会科学論叢』No 26，18．

野村章・磯田一雄（1989－2003）『「満州」在住日本人子弟の教育と教科書』，「第一部教育制度と教科書―その成立から崩壊まで」（野村執筆部分），成城大学文芸学部編，95－150．

(http://core.ac.uk>230550164.pdf-CORE)

小野忍・斉藤秋男（1948）『中国の近代教育』河出書房，234．

齊藤暁子（2022）「満州鉄道沿線地域における手工科教員養成に寄与した鈴木定次の手工教育論の特徴」日本教科教育学会誌45－3，1－12．

嶋田道爾（1937）『満州教育史』青史社，23・379・684・690．

鈴木定次（1933）「満蒙関東州　将来の手工教育問題」『南満教育』122，6－29．

高野仁（2012）「『満州国の教育』に関する一考察　―実業教育重視と民国教育の関わりを中心に―」佛教大学大学院紀要　文学研究科編　第40号，40－41．

竹中憲一（2000）『「満州」における教育の基礎的研究　第二巻』柏書房，20．

多賀秋五郎（1972）『近代中国教育史資料民国編』上．日本学術振興会，234・567．

槻木瑞生（1992）「『満鉄教育たより』解説」『満州国』教育資料集成Ⅱ期『滿鐵教育たより』3，エムティ出版，1－4．

山本一生（2006）「1920－30年代の満州公学堂教員の意識変容」『東京大学大学院教育学研究科紀要』第46巻，32．（高橋嶺泉（1927）『満鉄地方行政史』（満蒙事情調査会））

Introduction process of public school for local children subject of "work department" in Kanto state and the area along the Manchuria Railway
-Using the article published in"News from Manchuria Railway Education"as a clue-

This paper examines the process by which "handicrafts" was positioned as a subject of "industrial studies" in public schools during the transition of handicraft education that was promoted in the areas along the South Manchuria Railway from 1906 onwards, by collecting and analyzing articles on handicrafts education published mainly in the monthly magazine of the Manchuria Educational Research Institute, "Mantetsu Education News", first published in 1934.
In the five years from 1932 under the Kwantung Leased Territory Administration to the establishment of the new Manchukuo education system in 1937, "handicrafts" was positioned as a subject of "industrial studies", and there were also distinctive changes in the details of the content and the method of implementation. This paper clarifies the actual situation in which "industrial studies", which were adopted as a compulsory subject in the new Manchukuo education system, were adapted to the local conditions and introduced in public schools in the Kwantung Leased Territory and areas along the South

Manchuria Railway, through experimental research and examination mainly by the "Mantetsu Education Research Society".

Key words: Public schools, Industrial arts, South Manchuria Railway Education Research Society, Handicraft, Compulsory subject

滿人教育

貔子窩尋常高等小學校

滿洲人の初等教育機關としては普通學堂、公學堂及び公學校がある。普通教育及び實業教育は日滿人分離主義を採り、專門教育大學教育は共學の制を採る

貔子窩公學堂

同學堂理科教授

書塾

清朝時代より地方讀書人に經營せられたもので子弟教育の有力な施設で別に教育方針もなく其の組織も區々である。今猶二百以上存り兒童數又五千に近い

營口商業學校

関東局（1936）『関東局施政三十年史』より

普ねく學ぶ

奉天高等女學校

奉天南滿中學堂

旅順要塞司令部檢閲濟

旅順高等公學校

滿人教員養成の爲大正五年旅順高等公學校を設け既設の旅順、金州の師範科を廢止した

奉天春日尋常高等小學校

奉天第二小學校

奉天中學校

學びの殿堂

大連聖徳尋常高等小學校

小學校は關東州内は關東局、滿鐵附屬地は滿鐵會社、其の他は滿鐵及び外務省の補助によるものである。

大連女子商業學校

創立當時の大連小學校

大連神明高等女學校

大連伏見台公學堂裁縫授業

旅順要塞司令部檢閲濟

嶋田道彌（1937）『満州教育史』青史社より

小學校手工圖畫特別教室內部（鐵　嶺）（大正五年）

小學校普通教室及暖房設備（遼　陽）（大正五年）

おわりに

この度、満州における手工教育の実際を本に著すことができました。これは、近代日本の多くの教育実践者、研究者が、多くアジア各地で人材育成及び初等中等高等教育に携わっていた足跡があったことを、再提示するものでありたいと思います。

近代日本の美術教育・工作教育が、日本国内だけで完結していないのではないかと提言したい気持ちがあります。

近代は、この現代以上に多くの実践者や研究者がアジアで日本の教育を実践していました。その時代を俯瞰し、地域にあった教育を実践者・研究者が改革し、近代国家を支え構成する国民をいかに育成するかという展望から、フレキシブルに教科構成を再編しただけでなく、地域によって適したカリキュラムを検討し、即時実現できるように研究組織が機能していたように思いました。

その背景には、日本国内では就職できず、当時の人口増加から、国内の機関には収まり切らない優秀な人材が、海外流出していたことを著しています。その中には、東京高等師範学校で手工教育を研究していた、伊藤信一郎や、鈴木定次などもいました。

その実態には、帝国主義植民地教育の一端を担ったと批判するのとは別に、教科の各論の実践の中には、「新しい国」を希求した若く優秀な研究実践者や、現地人を含む地域住民の姿が現れているように思いました。

このように、満州及び植民地教育に携わった実践者の姿を明らかにし、近代教育史の中に位置付けられることが、当時の日本人が、積極的に世界の中で、教育の近代化に参加していたことを、史実を基にして著したいと考えています。

そして、日本国内外での社会の劇的な変化の中で、人々のより良い暮らしや、国を支える公民教育のあり方に、「手工」という一つの教科が実学として有用と捉えられて、普通教育の中に位置付いたことは、特徴的な事実でした。そして、学校の立地の、様々な自然環境条件に対応し、学習が実現できるように研究を進めた当時の実践者・研究者に敬意を示したいと思います。一律に戦争に加担した悪しき研究者と評価し、負の実践の歴史であると判断され、調査を怠ることがないように、近代教育の成立の歴史の中に客観的に位置付けておきたいと願うばかりであります。

最後になりますが、この度の出版にあたり、学術研究出版の湯川勝史郎様をはじめ、瀬川幹人様には、丁寧な提案と適切な編集をいただきましたことに感謝申し上げます。

著者

満洲における初等科手工教育の定着にみる近代化の姿

2025年3月15日　初版発行

著　者　齊藤暁子

発行所　学術研究出版
〒670-0933　兵庫県姫路市平野町62
［販売］Tel.079(280)2727　Fax.079(244)1482
［制作］Tel.079(222)5372
https://arpub.jp
印刷所　小野高速印刷株式会社

ISBN978-4-911008-98-0